SEU RAIO CÓSMICO DE MISSÃO

MÁRCOS LATÀRE
E VALDIVIÁH LÂTARE

SEU RAIO CÓSMICO DE MISSÃO

© Copyright by Márcos Latàre e Valdiviáh Lâtare
© Copyright by Editora Alfabeto.

Direção Editorial: Edmilson Duran
Colaboração: Gabriela Duran
Capa e Diagramação: Décio Lopes
Revisão: Equipe Editora Alfabeto

DADOS INTERNACIONAIS DE CATALOGAÇÃO NA PUBLICAÇÃO (CIP)

Latare, Valdivia Gonçalves da Silva; Latàre, Márcos

Seu raio cósmico de missão / Valdivia Gonçalves da Silva Latare e Márcos Latàre – 5ª Edição. Editora Alfabeto, São Paulo/SP, 2023.

ISBN: 978-65-87905-52-5

1. Mestres Ascensos 2. Sete Raios 3. Grande Fraternidade Branca
I. Título

Índices para catálogo sistemático:
1. Grande Fraternidade Branca

Todos os direitos reservados, proibida a reprodução total ou parcial por qualquer meio, inclusive internet, sem a expressa autorização por escrito da Editora.

EDITORA ALFABETO
Rua Protocolo, 394 | CEP 04254-030
São Paulo/SP | e-mail: editorial@editoraalfabeto.com.br
Tel: (11) 2351-4720
www.editoraalfabeto.com.br

★ ★ ★

AGRADECIMENTOS

Gratidão e Amor pelas bênçãos da Vida em todos os sentidos.

Gratidão, Amor e bênçãos a toda Hierarquia Divina que cumpre a Vontade de Deus.

Gratidão, Amor e bênçãos a todas as almas irmãs, familiares, amigos, alunos da Luz da Ponte de Luz Berlim-Brasília e da Central Crisostelar de Lirah, que como eu trilham as pegadas daquele que é o Caminho, a Verdade e a Vida.

Gratidão, Amor e bênçãos a minha filha e a todas as crianças que com sua luz enriquecem o Universo.

Gratidão, Amor e bênçãos a tudo e a toda energia do Universo que emite seus Raios e faz com que vocês e eu existamos.

* * *

DEDICATÓRIA

A toda alma irmã sobre a Terra que deseja atingir a vitória pelo pensamento consciente, de uma autoanálise equilibrada, e estabelecer um princípio dentro de si mesma, integrando-se com a espiral ascendente evolutiva, e passando a vibrar na harmonia da compreensão do Verdadeiro caminho da descoberta de si mesmo, libertando assim o próprio EU para que seja simplesmente um ser de Luz, cumprindo, com a Vontade de Deus Pai, o Plano Divino para sua corrente de vida.

Todos têm possibilidade de alcançar a vitória, pois todos somos filhos do mesmo Pai Eterno.

Deus os abençoe.

★ ★ ★ PRECE ★ ★ ★

O CREDO DA
GRANDE FRATERNIDADE
BRANCA UNIVERSAL

CREIO na onipresente, onipotente e onisciente Presença Divina EU SOU, Fonte de toda a Vida, e na substância verdadeira do Amor Celestial existente em Seu pulsante Coração Divino.

CREIO na inseparável e individualizada Presença Divina EU SOU e em seu irradiante Foco de Luz em cada coração humano – o Santo-Ser-Crístico - que se manifesta na forma externa como a ação da Vontade Divina.

CREIO na imortalidade da Chama Trina da Vida, no perfeito equilíbrio do Amor, Sabedoria e Poder do Espírito Santo – sacrossanta origem de toda Inteligência Divina existente em cada coração humano.

CREIO na Paternidade e Maternidade Divina universal na fraternidade total dos homens, e na comunhão consciente de toda humanidade com a Grande Legião de Luz dos Mestres Ascensionados e na Grande Fraternidade Branca.

CREIO no eterno perdão e esquecimento de toda transgressão humana à lei da Vida, da Misericórdia e do Amor na purificação da alma por meio do uso constante da transformadora Chama Violeta e de outras forças do Fogo Sagrado.

CREIO no poder do puro Amor Divino da Fraternidade consciente que está acima de toda substância e de toda energia do pensamento, sentimento, palavra e ação.

CREIO na Ascensão na Luz quando tiver alcançado a máxima perfeição do Cristo.

CREIO em uma Vida Eterna através da Ascensão à Vitoriosa Conclusão na Luz Divina. Esta é a realização do Plano Divino, o sentido e a razão de minha existência.

★ ★ ★

SUMÁRIO

Apresentação 15

Prefácio 21

A Fórmula para Encontrar Seu Raio Cósmico de Missão 27

Introdução 29

Como é Formada a Hierarquia da Grande Fraternidade Branca . . 33

    Os Sete Raios do nosso Sistema Solar 33

Reino Humano 37

    Os Sete Chohans são: 37

    Os Sete Arcanjos e seus Complementos Divinos são: 38

    Os Sete Elohim e seus Complementos Divinos são: 39

Grande Conselho Cármico 41

    Os Senhores que compõem o Grande Conselho Cármico são: . . . 42

A Perfeição Pelas Cores 47

Primeiro Raio: Azul – Mestre El Morya 53

    Mensagem Raio Azul 55

    Arcanjo Miguel 56

    Elohim Hércules e Amazona 57

    Apelo ao Arcanjo Miguel Elohim Hércules e Amazona 57

    Cerimonial do Raio Azul 58

    Meditação Raio Azul 59

    Seu Raio Cósmico de Missão Azul 60

    Características e efeitos do Azul em nosso Corpo 64

    Chakra Laríngeo (Garganta) 64

    Decretos do Raio Azul 65

Segundo Raio: Amarelo-Ouro – Mestre Kuthumi 67
Mensagem Raio Amarelo-Ouro 69
Arcanjos Jofiel e Constância 69
Elohim Cassiopéia e Minerva 71
Apelo aos Arcanjos Jofiel e Elohim /
Cassiopéia e Minerva 72
Cerimonial do Raio Amarelo-Ouro 73
Meditação Raio Amarelo-Ouro 74
Seu Raio Cósmico de Missão Amarelo-Ouro. 75
Características e efeitos do Amarelo em nosso Corpo 80
Chakra Coronário (Alto da Cabeça) 80
Decretos do Raio Amarelo-Ouro 81

Terceiro Raio: Rosa – Mestra Rowena 83
Mensagem Raio Rosa 84
Arcanjos Samuel e Caridade. 86
Elohim Órion e Angélica. 87
Apelo ao Arcanjo Samuel, Elohim Orion e Angélica. 88
Cerimonial do Raio Rosa 88
Meditação Raio Rosa. 90
Seu Raio Cósmico de Missão Rosa 90
Características e efeitos do Rosa em nosso Corpo 95
Chakra Cardíaco (Coração) 96
Decretos do Raio Rosa. 97

Quarto Raio: Branco – Mestre Seraphis Bey. 99
Mensagem do Raio Branco. 101
Arcanjos Gabriel e Esperança. 102
Elohim Claire e Astrea. 102
Apelo ao Arcanjo Gabriel, Elohim Claire e Astrea 103
Cerimonial do Raio Branco. 104
Meditação Raio Branco. 105
Seu Raio Cósmico de Missão Branco 106
Características e efeitos do Branco em nosso Corpo 110
Chakra Raiz ou Básico (Base da Coluna Vertebral- cóccix). . . . 110
Decretos do Raio Branco. 111

SUMÁRIO

Quinto Raio: Verde – Mestre Hilarion 113
Mensagem Raio Verde 115
Arcanjos Rafael e Regina 115
Elohim Vista e Crystal 116
Apelo ao Arcanjo Rafael, Elohim Vista e Crystal 117
Visualização do cálice da Cura 117
Cerimonial do Raio Verde 117
Meditação Raio Verde 119
Seu Raio Cósmico de Missão Verde 119
Características e efeitos do Verde em nosso Corpo 124
Chakra Frontal (Centro da Testa, Glândula Pineal) 125
Decretos do Raio Verde 126

Sexto Raio: Rubi – Mestra Nada 127
Mensagem Raio Rubi 129
Arcanjos Uriel e Donna Graça 130
Elohim Tranquilitas e Pacífica 131
Apelo ao Arcanjo Uriel e Elohim
Tranquilitas e Pacífica 131
Cerimonial do Raio Rubi 131
Meditação Raio Rubi 133
Seu Raio Cósmico de Missão Rubi 133
Características e efeitos do Rubi em nosso Corpo 138
Chakra Plexo Solar (Estômago) 139
Decretos do Raio Rubi 140

Sétimo Raio: Violeta – Mestre Saint Germain 143
Mensagem do Raio Violeta 145
Arcanjos Zadkiel e Ametista 146
Elohim Arcturus e Diana 147
Apelo ao Arcanjo Zadkiel, Elohim Arcturus e Diana 148
Cerimonial do Raio Violeta 148
Meditação Raio Violeta 150
Seu Raio Cósmico de Missão Violeta 150
Características e efeitos do Violeta em nosso Corpo 155
Chakra Sexual (3 cm abaixo do Umbigo) 156
Decretos do Raio Violeta 157

Iniciação aos Sete Raios Cósmicos 159

   Introdução 159

   Aspectos da Iniciação 160

As Iniciações da Alma 165

   Os Sete Templos e Iniciação 165

   Iniciação ao Primeiro Raio Cósmico 165

   Iniciação ao Segundo Raio Cósmico 167

   Iniciação ao Terceiro Raio Cósmico 169

   Iniciação ao Quarto Raio Cósmico 170

   Iniciação ao Quinto Raio Cósmico 173

   Iniciação ao Sexto Raio Cósmico 176

   Iniciação ao Sétimo Raio Cósmico 178

Tabelas Atualizadas dos Sete Raios Cósmicos 180

★ ★ ★

APRESENTAÇÃO

Invocação à Luz

Do ponto de Luz na Mente de Deus
Flua luz às mentes dos homens;
Desça a luz a Terra

Do ponto de Amor no coração de Deus
Flua Amor aos corações dos homens;
Volte Cristo a Terra

Do centro onde a vontade de Deus é conhecida,
Guie o propósito às pequenas vontades dos homens;
O propósito que os Mestres conhecem e servem.

Do centro a que chamamos raça dos homens,
Cumpra-se o Plano de Amor e Luz
E mure-se a porta onde mora o mal.

Que a Luz, o Amor e o Poder
Restabeleçam o Plano na Terra.

Ponte de Luz Berlim-Brasília

A humanidade e toda vida na Terra encontram-se em um grande processo de Transmutação e Purificação, que leva à Liberdade Espiritual e reconstruirá a Perfeição na Terra. Nós, seres humanos, seremos conduzidos novamente à ligação consciente com os Mestres Ascensionados e Emissários Cósmicos, de maneira que uma Era Dourada chegará a manifestar-se.

Para elevar a consciência da humanidade e acelerar esta evolução, em 1952, os Mestres da Sabedoria fundaram a "Ponte para a Liberdade". Através desta Ponte de Luz chegaram a nós muitos Seres divinos, para se comunicarem conosco e transmitir-nos sua irradiação. A Grande Fraternidade Branca esforça-se para atrair sempre mais alunos receptivos que trabalhem como canal e responsáveis cocriadores para ajudar a realizar este Plano Divino aqui na Terra.

Os ensinamentos são transmitidos através de um puro canal espiritual, primeiramente na América e depois, a partir da metade dos anos 60, através de SENTA RAMIN, em Berlim. Os ensinamentos servem primeiramente para ancorar nos alunos a consciência Divina, a Presença EU SOU, para com isto conseguirem a maestria e a possível ascensão já nesta encarnação.

Ao mesmo tempo, os Mestres nos dão indicações claras quanto à maneira de usarmos as Forças dos Raios, com suas qualidades, a eletrônica Substância de luz, para dirigi-las conscientemente a toda vida na Terra.

O enfoque de nosso trabalho na "Ponte Berlim-Brasília" é o Serviço de Luz dos grupos de alunos em todo o Mundo. Com apelos, visualizações e cantos, atraímos a Luz das Forças dos Raios, enviamo-la e abençoamos a vida. O grupo cria um campo de Força e cada aluno se transforma em um centro irradiador em nosso mundo pessoal. Com a Força das palavras pronunciadas e a Força da imagem criada pelas visualizações, entre outras coisas, dirigimos as transmutadoras Forças Violeta, a Irradiação da Paz, as Energias da Cura e Forças da Ressurreição ao Mundo todo. Através destes Serviços de Luz Comunitários, as Energias de cada um são multiplicadas, e os grupos de alunos em todo o Mundo prestam uma importante contribuição para iniciar a "Nova Era da Liberdade".

Os Mestres depositam grandes esperanças no trabalho do Grupo de Alunos.

Central Crisostelar de Lirah

A Central Crisostelar de Lirah foi fundada após contato e instruções dos Mestres da Sabedoria e dos Seres Espaciais, com o objetivo principal de abrir canal de comunicação de um Plano de Ação e auxílio à Terra e à Humanidade, em conjunto com os referidos Bem Amados Senhores da Luz. Procuramos atender ao apelo dos mesmos, titulando este apelo como Seu Raio Cósmico de Missão, que tem como objetivo principal levar a Humanidade ao caminho com o EU SOU.

Além do referido Plano, a Central Crisostelar de Lirah, através da atuação da Grande Fraternidade Branca dos mundos Internos e Subterrâneos, proporciona a alguns anos aos seus "Raios" (alunos da Luz), iniciações internas com o objetivo de lhes dar expansão mental, capacitando-os à abertura do sexto e sétimo sentidos.

A Central Crisostelar de Lirah funcionava por um período longo com critérios internos para a admissão de novos Raios, tendo sido mantida fechada apesar de estar em operação há mais de 26 anos. No entanto, agora a instituição decidiu abrir suas portas e receber novos membros, mantendo os mesmos critérios rigorosos de seleção. A Central Crisostelar possui um grupo de Raios, que consiste em estudantes avançados da espiritualidade, que participam de reuniões e cerimônias fechadas exclusivamente para os membros que atendem aos critérios de admissão. Além disso, a instituição oferece reuniões públicas de meditação e seminários para novos interessados em participar no grupo.

É possível a participação na Crisostelar mesmo em locais onde não se encontra seu foco de Luz, pois podem existir focos de Luz individuais da Crisostelar, por receberem instruções via correio (Curso Caminho ao EU SOU por correspondência) após sua filiação por esta porta de entrada.

Nossas ações são conscientes, não somos religião, nem grupo de pesquisa, e somos apolíticos. Nosso compromisso é com o Planeta e com a Consciência Planetária. Respeitamos totalmente a liberdade de pensamentos de cada um, independente de raças, fronteiras, classe social, poder econômico, grau de instrução ou qualquer outro vetor que provoque decisões ou conflitos entre os seres humanos.

Para ser um Raio da Crisostelar, o aluno da Luz deverá passar pela porta "Caminho ao EU SOU", que consiste em um período de estudos com duração de doze meses (1ª etapa), após o qual será convidado a participar do Cerimonial de Selagem, se aceitar todas as instruções. Durante os doze meses receberá ensinamentos, conhecimentos e técnicas sobre as forças e energias da mente, visando a capacitá-lo a ser um foco de Luz ambulante a serviço da Vida. Após os doze meses passará a receber informações sobre atividades e ensinamentos da Grande Fraternidade Branca e nossos Irmãos das Estrelas (os Espaciais) em nosso planeta.

Deverá o Raio neófito (iniciante) estudar minuciosamente o material que lhe for enviado, até mesmo apresentar relatórios ou dúvidas que, remetidos à Crisostelar, constituirão um Dossiê que servirá como elemento de avaliação futura sobre seu recolhimento ao interior do Coração da Crisostelar. Isto tem o objetivo de advertir o novo Raio em preparação de que está sob observação da Grande Fraternidade Branca, apoiando-o, motivando-o a levar a sério seus estudos. Por esta razão a Oficiante Sacerdotisa ou Raio responsável pelo trabalho só responderá dúvidas de caráter pertinente aos estudos. Pois o objetivo dos Mestres da Sabedoria é estimular o seu Pensamento para que tire suas próprias conclusões, de modo que assim desperte sua Consciência e esta o leve ao encontro com o EU SOU. Assim, seus relatórios serão os espelhos dos seus reais sentimentos, e igualmente suas palavras.

E o simples fato de concluir os estudos de doze meses não implica em torná-lo foco de Luz individual. Fique claro que deverá o aluno da Luz manifestar, por escrito, sua concordância com a mesma, para então lhe ser enviado todo o material a respeito da iniciação e da sua vinda até o Foco de Luz Santuário, ou de sua participação à distância, obedecendo a todos os critérios. Só então passará a ser Raio do Esquadrão da Terra da Central Crisostelar de Lirah, iniciando sua participação junto aos Irmãos das Estrelas e à Grande Fraternidade Branca pelo Ritual interno. Desde então, ele deverá manter sigilo absoluto e total reserva sobre os assuntos e atividades internas. Não se exigirá juramentos, mas esse compromisso cada um deverá assumir perante si mesmo.

E mesmo se estiver como Raio interno, se desejar por motivos próprios se retirar espontaneamente, sua retirada será considerada pela Crisostelar como questão de foro íntimo, um sagrado direito de todos (livre arbítrio). Neste caso, apenas o que se pede é que mantenha o compromisso de não divulgar ou comentar assuntos internos com ninguém. Isso é com sua consciência e Consciência. Pois, todos os Raios internos e externos, em reuniões, entrevistas, palestras, conversas e contatos com o público em geral e com os novos Raios, não deverão jamais tecer comentários sobre assuntos internos, concentrando suas palavras na presente regra, código ético para os alunos da Luz do Divino Espírito Santo.

A Central Crisostelar de Lirah atua exclusivamente no Plano do Mental, numa ação conjunta com os Seres das Estrelas (Espaciais), os Interplanetários e a Grande Fraternidade Branca em benefício da Humanidade, cujo objetivo maior é promover a Paz e a Consciência Planetária.

Em razão da sua imensa responsabilidade assumida principalmente com o Planeta, ela é muito discreta e reservada, exige uma preparação prévia de seus Raios. Por ativar e manipular poderosas Forças e Energias, a Central Crisostelar de Lirah se baseia na autêntica Consciência dos seus Raios, consubstanciando-se na Fraternidade e no Humanismo a sua Regra de Ética.

A principal recomendação aos novos Raios e demais pessoas que demonstrarem interesse em participar da Crisostelar é manter o máximo respeito e zelo com os Mistérios sagrados que lhe são revelados, bem como aos nossos Princípios, Ensinamentos e Propósitos superiores e que busque fazer despertar dentro de si, não a mera curiosidade, busca de novo conhecimento, busca de milagres, entretenimento ou shows mágicos, mas sim o Amor Fraternal. Mesmo porque, nosso trabalho é muito sério, e o tempo é chegado. Saiba distinguir entre o Real e o Ilusório, pois muitos surgirão se identificando como Mestres, porém, muita cautela, pois para os Lobos a presa incauta se torna fácil.

★ ★ ★

PREFÁCIO

Seu Raio Cósmico de Missão

O objetivo de sabermos qual é o nosso Raio de Missão na Terra é que toda Emanação de Vida possa irradiar sua Luz ao máximo.

As Grandes Inteligências que regem este Sistema Planetário, estão de comum acordo em que a Terra necessita, conforme a Ordem, ocupar seu legítimo lugar em nosso Sistema Solar. Sendo assim, é indispensável que ela irradie mais Luz, oferecendo esta a nossa Galáxia, o que é inerente dever para com o Todo.

Entre dez bilhões de emanações de vida, cada uma carrega sua parte no fardo de provações do Todo, e ninguém escapará. Não se trata apenas da compensação dos apontamentos Universais (carmas coletivos), mas também da contribuição da Terra, pois ela deverá prestar um grande serviço a outros Universos inatos, o que somente pode ser realizado se todo o planeta emitir suficiente Luz.

E esta Lei Universal não faz exceção a nenhum ser humano, porque a quantidade total da substância de Luz eletrônica, que é exigida da Terra, só poderá ser adquirida se cada emanação de vida contribuir ao máximo com sua própria irradiação. Por esta razão, e para auxiliar o Mestre Saint Germain na Nova Era, o Bem Amado Mestre El Morya apresentou um projeto ao Grande Conselho Cármico, e este projeto contém uma maneira pela qual a humanidade possa ter consciência de seu dever, de forma que o discípulo da Luz possa cumprir sua tarefa luz para com a vida do Planeta Terra.

O Projeto Seu Raio Cósmico de Missão foi confiado a mim, Valdiviáh, há alguns anos atrás, e eu assumi esta tarefa com muito amor no coração por meio do Foco de Luz Central Crisostelar de Lirah, do qual sou responsável desde então. Transformei este projeto em uma grande e divina MISSÃO, cujo objetivo é revelar o Raio de Missão e ajudar os filhos da Luz a cumprirem suas missões com amor e em divina paz. Originalmente, este trabalho era realizado internamente por meio da canalização direta para os alunos internos após o Seminário Caminho ao Eu Sou, a fim de orientá-los em seus próximos passos.

O Raio de Missão é obtido de uma forma muito simples, sendo: some sua data de nascimento, isto é, dia, mês e ano, até chegar a um só dígito. Por este número saberemos a qual Raio você pertence. Seu próximo passo, então, é obter o conhecimento a respeito dos Raios e de seus significados, para então saber exatamente qual é sua missão na Terra. Não pude revelar antes este conhecimento, até que a fórmula estivesse devidamente patenteada nos órgãos competentes, porque se trata de uma missão inteiramente gratuita, e que não deve ser explorada financeiramente.

Temos um site na Internet que foi desenvolvido exclusivamente para este propósito, Serviço à Vida, ou seja, para informar o Raio de Missão para todos, sem distinção de raça, religião ou fronteiras, seguindo as determinações do Mestre El Morya. Todo o material escrito está disponível no site há dois anos, gratuitamente, para que todos tenham acesso. A taxa que cobramos nos Seminários Seu Raio Cósmico de Missão na Central Crisostelar de Lirah é destinada apenas à elaboração de todo material sobre seu Raio Cósmico de Missão, o qual é oferecido a todos os que comparecem pessoalmente em nosso Santuário.

Obviamente, o nascimento deste livro também é um resultado dos esforços de todos da Crisostelar, na continuidade do trabalho de propagação destas informações, para atender a grande necessidade de mais informações. São esforços para atender também o grande interesse das pessoas em se aprofundar nestes estudos, principalmente aquelas de outros estados e países, que não têm disponibilidade de vir pessoalmente a este Foco de Luz.

Sendo assim, saibam, que aqueles que fizerem uso indevido deste conhecimento, a fim de obter vantagens financeiras com as informações contidas no site e neste livro, responderão perante a consciência e a Consciência.

E se você, enquanto aluno da Luz, presenciar a exploração financeira deste sagrado projeto, de forma abusiva e inescrupulosa, primeiramente irradie Luz àquela consciência. Depois, trabalhe com a verdade e comunique de forma amorosa, àqueles que estão sendo explorados ou manipulados, que no Foco de Luz Central Crisostelar de Lirah este projeto é tratado de forma sagrada e autêntica, e que toda contribuição arrecadada neste foco tem como propósito o despertar de outras consciências, que ainda não tiveram oportunidade de receber tais conhecimentos.

Já sabemos que o "Mantra Cósmico" já foi promulgado: "A Terra precisa irradiar mais Luz". Isto significa que as auto inteligências que representam a Humanidade começaram, há muito, o desenvolvimento de sua semente espiritual, a contribuir com sua parte. Está mais do que hora de todos fazerem sua parte, irradiando mais Luz a Terra, após saber como fazê-la, e é isto que, humildemente, este livro vos pretende ensinar.

Concluímos assim a Grande Missão de Recrutamento os Filhos da Luz (*mais informações podem ser adquiridas na Central Crisostelar de Lirah- central@crisostelar.com.br*).

Os Raios aqui revelados podem ajudá-la a definir os sentimentos ocultos que têm modelado sua vida. Você verá que sua atitude em relação a esses sentimentos muda conforme a frequência de conscientização.

Todos os Raios possuem a misteriosa capacidade de torná-la consciente de respostas e soluções que já existem dentro de você e até mesmo em estado latente.

Na medida em que você acessar de modo consciente a luz de seu Raio Cósmico de Missão, você sentirá que trará à tona emoções suprimidas e canalizadas para colocá-las em ação de maneira construtiva. Você perceberá que, muitas vezes, o que era um problema se tornará uma vantagem ou até mesmo um agradável desafio.

Os Raios vão ajudar você a superar fixações e a utilizar melhor seu potencial. Os Raios de energia cósmica possuem uma forma mais eficaz de pôr à prova suas emoções, e então você tende a reagir com espontaneidade real de seu ser.

Ao conhecer os Raios e sua Hierarquia Divina; seus Chohans, Arcanjos, Elohim, você precisará confrontar-se com uma única força; a de tomar uma decisão: assumir sua responsabilidade perante Deus, perante a vida e consequentemente perante si mesmo.

Decisão em buscar a compreensão de tudo e a decisão de ser simplesmente você mesmo. Pois um fato é concluído, que nós somos os únicos responsáveis perante a vida, pelos efeitos de nossa energia que atua no Universo, tanto para o bem como para o mal. E, assumir nossa responsabilidade é o melhor que podemos fazer por nós mesmos, e em forma de gratidão e amor por todas as bênçãos recebidas da vida e de todos os responsáveis para que a vida exista.

Deus já nos deu uma prova do seu Amor e Misericórdia, dando à humanidade os meios suficientes para estabelecer o paraíso eterno sobre a Terra.

Para perceber melhor é apenas necessário que você permita que essa Chispa Divina, que é a Força Criadora de Deus, manifeste-se. Como? Eis que aqui encontrará algumas dicas.

O Bem Amado Saint Germain diz que acessar a Presença Divina EU SOU, ou conectar-se com a Hierarquia da Luz, é mais fácil do que você se conduzir para o interruptor e acender a luz elétrica de sua casa.

Acredite, você pode, você consegue, você é Deus e a Vontade de Deus para todas as coisas criadas é boa... a vontade de Deus Todo Poderoso, que criou este planeta e toda vida existente sobre ele, criou a mim e a você.

Portanto, EU SOU a Luz do mundo, você é a Luz do mundo, nós somos a imagem e semelhança de Deus Pai-Mãe, na força e Luz do Espírito Santo – Santo-Ser-Crístico.

A Grande Fraternidade Branca está incumbida de unificar os homens em benefício de toda a humanidade. Esta união será possível a todos os que adquirirem o estado de consciência.

Ao conhecer seu Raio, seu Mestre, procure desenvolver-se junto a eles, obedecendo a um Plano de Amor e Fé. Procure unificar-se a outros seres, eleve-se pelos caminhos por você descobertos a partir daí.

Que, a partir de então, haja uma só expressão e que seja fortificada pela grande Lei de: "Amai-vos uns aos outros..." acima de qualquer ambição pessoal. Que haja um só propósito nesta união; o grande benefício ao Serviço à Vida.

Que todos partilhem da evolução oculta revelada pela Hierarquia da Grande Fraternidade Branca. Que a pureza de suas almas se eleve no propósito junto à Grande Luz que os envolve, para que possam vibrar com o grande poder que envolve todo o infinito. Que todos vibrem com fervor no âmago de sua grande alma, com Amor na grande expressão da Verdade, para que todos alcancem a Luz que se desprende da Luz Maior e Radiosa do Grande Sol Central e vem do manto do Senhor Deus.

Abençoados sejam todos os filhos do novo mundo...
constituído pela Luz da Grande Verdade evoluído
pela Força da Grande Lei vinda da Grande Vontade Divina...

Com Amor e Luz!
Vosso Irmão mais velho

EL MORYA

★ ★ ★

A FÓRMULA PARA ENCONTRAR SEU RAIO CÓSMICO DE MISSÃO

Pela Central Crisostelar de Lirah

Antes de utilizar-se da fórmula descrita abaixo para você ou para outrem, leia atentamente o livro, para que você faça bom uso das Energias do Universo.

Lembre-se: "nossos pensamentos e ações são nosso Destino".

A fórmula de cálculo do Raio Cósmico de Missão se utiliza da data de nascimento. Portanto, é a somatória do dia, do mês e do ano da data de nascimento, até reduzir para um dígito apenas, que forma o dígito que mostrará a qual Raio Cósmico de Missão a pessoa pertence, seguindo a seguinte Ordem:

1º Raio Cósmico de Missão . . . . Azul

2º Raio Cósmico de Missão . . . . Amarelo-Ouro

3º Raio Cósmico de Missão . . . . Rosa

4º Raio Cósmico de Missão . . . . Branco

5º Raio Cósmico de Missão . . . . Verde

6º Raio Cósmico de Missão . . . . Rubi

7º Raio Cósmico de Missão . . . . Violeta

Exemplo: Data de Nascimento: 14/11/1944

- Somar o dia, o mês e o ano: 14 + 11 + 1944 = 1969.
- Somar todos os dígitos do resultado acima: 1969 (1+9+6+9) = 25
- Somar novamente os dígitos resultantes, até reduzir para um dígito: 25 = (2+5) = 7
- Resultado final: 7° Raio é: Raio Cósmico de Missão VIOLETA

Casos Especiais

- Caso este último dígito seja igual a 8, subtraia 7 chegando ao resultado 1, ou seja, 1° Raio – Azul
- Caso este último dígito seja = 9, subtraia 7 chegando ao resultado 2, ou seja, 2° Raio – Amarelo-Ouro

Esta orientação ou fórmula de cálculo, bem como todas as orientações decorrentes sobre cada Raio Cósmico de Missão foram transmitidas por meio da canalização pelo Mestre El Morya ao Canal, Sacerdotisa e Oficiante da Grande Fraternidade Branca Universal e Espacial e proprietária da Central Crisostelar de Lirah, Valdiviáh Gonçalves da Silva, no mês de janeiro de 1997.

Complemento Divino

Há também o Raio-Complemento Divino que visa auxiliá-la no cumprimento de seu Raio de Missão. Este, porém, só é obtido por meio de canalização, pois varia de pessoa a pessoa, conforme a necessidade de cada um. Estou à disposição para revelá-la àqueles que desejarem. Entre em contato conosco!

★ ★ ★

INTRODUÇÃO

O Pai Nosso do EU SOU
(por Jesus, o Cristo)

Pai nosso que estais no Céu, santificado seja Vosso nome, EU SOU.
EU SOU o Vosso Reino manifestado.
EU SOU a Vossa Vontade que está sendo cumprida.
EU SOU na terra, assim como EU SOU no céu.

A todos eu dou hoje o pão de cada dia.
Eu perdoo neste dia a toda a vida.
E EU SOU também o perdão que ela me estende.
Eu afasto todo o homem das tentações.
Eu liberto todo o homem de qualquer situação nefasta.

EU SOU o Reino,
EU SOU o Poder e
EU SOU a glória de Deus em manifestação eterna e imortal.
Tudo isto EU SOU!

Almas irmãs na luz, existe um Plano Divino para todos, existe uma razão nobre de existência para cada alma vivente em todo o Universo.

Sem pretensão de convencê-lo, queremos aqui apresentar a razão de sua existência, conscientizando-o ou talvez simplesmente reativando sua Memória Cósmica.

Ao tomar consciência do seu Raio de Missão você estará auxiliando sua vida, a vida dos que o cercam, e ainda estará, automaticamente, sendo convocado para, através dos conhecimentos e preparações já adquiridas e com as que lhe estarão sendo passadas, auxiliar a humanidade nestes momentos mais difíceis da sua história. É uma grande responsabilidade!

O planeta Terra possui bilhões de anos, assim como a sua humanidade. Ambos já atravessaram juntos grandes e pequenos obstáculos e neste exato momento da sua história podem ou não continuar sua evolução no mesmo plano dimensional. Isto dependerá tão somente de cada um. Individualmente. Cada um é responsável pelo seu próprio destino e, coletivamente, todos são responsáveis pelo destino da humanidade.

A forma de pensar e agir individualmente influencia o comportamento da coletividade, e por sua vez a coletividade influencia a vida individual de cada ser. Existe uma interinfluência energética em constante dinamismo. Esse dinamismo energético, de diferentes níveis e formas, atingem desde as camadas mais densas até as mais sutis da natureza. Dentro deste raciocínio lógico, as inteligências superiores de cada ser humano terrestre, que trabalham em conjunto com o Reino Dévico, o Reino Elemental, os Mestres do Universo e a Confederação Intergaláctica da Paz, procuram levar ao buscador sincero o entendimento das Leis que Regem os Universos; como também são levados a Templos Etéricos (enquanto dormem), através das práticas de meditação Cósmica e das aplicações energéticas nos corpos sutis (durante as práticas), com a finalidade de se promover o rápido desenvolvimento e transmutação das partes densas dos próprios corpos. Sem falar do resgate urgente dos EUS INFERIORES e preparação para o acoplamento psicofísico do seu cérebro mais alto. O seu EU SUPERIOR.

Durante milênios, certas pessoas estiveram em busca do autoconhecimento e da ascensão, enquanto a grande maioria, a massa humana, se perdia cada vez mais de si mesma, envolvendo-se na grossa malha da ilusão e do desejo carnal. Atualmente, alguns se trabalham, buscaram-se e estão se encontrando, outros não sabem para onde vão, nem porque existem. Não sabem porque sofrem e muito menos quem são. A Hierarquia acompanha cada detalhe da história humana, tentando de todas as formas e de alguma maneira provocar o verdadeiro despertar.

Esse despertar é na verdade um complexo esquema e afinal devemos nos lembrar que o ser humano, antes de tudo, é um ser angelical que se encontra envolvido pela ilusória existência da matéria. Então a matéria é uma ilusão e não existe realmente? Isto é o que todos devem aprender, e neste singelo livro, Seu Raio Cósmico de Missão, pretendemos levar a todas as pessoas esta compreensão.

★ ★ ★

COMO É FORMADA A HIERARQUIA DA GRANDE FRATERNIDADE BRANCA

Os Sete Raios do nosso Sistema Solar

Para esclarecimentos sobre muitas perguntas e dúvidas que chegam a mim, quanto à existência de outros Raios além dos Sete Raios tão propagados em livros e escritos, os Mestres da Grande Fraternidade Branca são bastante claros, como se verá seguir:

O Altíssimo Senhor Deus do Universo, em sua infinita bondade e Amor, criou a forma mais fascinante e rápida para que seus filhos conseguissem retornar aos Reinos da Luz, ou seja, à Morada Divina, e também para que compreendêssemos de uma vez por todas que somos Filhos da Luz ... E assim Ele criou o Arco-Íris com Sete cores.

O humano da Terra deve ter em mente que um Raio de Luz do nosso Sol, quando passa pelo prisma, divide-se em Sete cores, e não em mais. Por enquanto, devemos nos conscientizar dos Sete Raios, aprendermos suas virtudes e abrir o coração e a consciência para receber, vivenciar as experiências com os Mestres da Luz, que prosseguem a trabalhar nestes mesmos Sete Raios há éons, dentro do nosso Sistema Solar.

As informações sobre a existência de 14 ou 144 Raios são verídicas. São informações relacionadas a outros sistemas solares e outros Raios, verdadeiras. Porém, não é o momento para nós na Terra nos ocuparmos com elas.

Talvez quando o Arco-Íris passar a ter mais que Sete Raios, pela sua própria natureza, aí então estaremos preparados para trabalhar com outros Raios. Então, quando estivermos prontos, com certeza a Providência Divina nos permitirá conhecer e acessar os outros Raios fora de nosso Sistema Solar.

Há também citações, em alguns livros, de que houve mudanças dos Sete Raios em cada dia da semana. Eu, Valdiviáh, como canal dos Mestres Ascensos e Confederação Intergaláctica, há mais de 26 anos, nunca recebi nenhuma informação de que os Raios estariam sendo irradiados em dias diferentes e Mestres diferentes daqueles citados neste livro, ou seja, naquela ordem original. Já solicitei orientação diretamente dos Mestres sobre este assunto, e a resposta foi de que nada foi mudado até a presente data; de que tudo se mantém sob os mesmos critérios desde o início dos tempos. Já solicitei ao canal mais puro e autêntico da Grande Fraternidade Branca na Alemanha, Senhora Senta Ramin, sobre este fato e a resposta foi a mesma: nada mudou desde que os escritos e canalizações originais foram transmitidos à Humanidade.

O núcleo do Coração do Universo, também chamado de Grande Sol Central, é literal e praticamente a origem de toda alma individual ou Chispa Divina. De seu coração ele projeta no Universo as ideias divinas.

Luz Crisostelar é a substância primeira emitida por este ser, da qual toda manifestação construtiva é moldada e sustentada. Ele criou através do uso da palavra "EU SOU" acrescentado à concentração de Seu pensamento e sentimento, o Plano Divino para todos os Sóis e seus sistemas planetários.

A Divindade de um Sistema Planetário é o seu Sol Central. Há seguramente sete destas divindades que são os poderosos Ministros do Grande Sol Central.

Cada planeta tem seu próprio Sol que o faz evoluir. Este Sol planetário extrai da matéria do sistema solar, emanada do grande Sol Central, as fagulhas materiais de que necessita e os elabora diante de suas próprias energias vitais, especializando assim a matéria planetária de seu próprio reino, procedente de um depósito comum.

Raios ou chamas representam as cores e as atividades das sete esferas que representam o cinturão eletrônico em torno do grande Sol Central e de seus ministros, os Sóis Centrais. Eles formam círculos coloridos assim como órbitas de um sistema planetário. As sete cores suprem os sete centros (Chakras) espirituais da Alma e da consciência de cada emanação de vida encarnada durante a sequência de um ciclo de aproximadamente dois mil anos.

Os Sete Raios são:

1º . . . . .Azul
2º . . . . .Amarelo-Ouro
3º . . . . .Rosa
4º . . . . .Branco
5º . . . . .Verde
6º . . . . .Rubi
7º . . . . .Violeta

Todos os Raios no centro são branco puríssimo. O único Raio que é totalmente Branco é o 4º Raio (da ascensão). Isto significa que, quando nós ascensionamos de nossa consciência humana para nossa gloriosa presença eletrônica, somos um ser de pura Luz faiscante, com o privilégio de qualificar nossa própria energia com as cores ou irradiações do espectro solar.

Se pudéssemos ver o Sol em outro plano veríamos este ponto focal circundando seres espirituais envolvidos pelas sete Esferas de Consciência, cada qual separada da outra por sua própria periferia ou pela sua natureza vibratória. O conjunto destas sete esferas forma a Aura Divina (corpo causal do Sol), ou seja, os Sete Raios! Cada uma delas é a moradia de uma das grandes Inteligências Divinas, e todas estas Inteligências dedicam-se a satisfazer a vontade do Pai e com isso expandem sua consciência.

★ ★ ★

REINO HUMANO

Os Sete Raios são representados por seres ascensionados que assumiram a responsabilidade de instruir e conduzir a Humanidade não ascensionada dentro de seus próprios Raios ou Esferas, sendo eles:

Chohan .... Reino Humano

Arcanjos .... Reino Angélico

Elohim .... Reino Elemental

Esses três Reinos formam a Fraternidade Divina que se prepara para a vinda da Idade de Ouro. Sua missão é ajudar a unificar a energia de evolução em nosso planeta, e com muita harmonia restaurar o bem entre nós.

Cada um dos Sete Raios é representado por um Chohan (orientador ou diretor, Senhor do Raio).

Os Sete Chohans são:

Mestre El Morya .... Raio Azul

Mestre Confúcio .... Raio Amarelo-Ouro

Mestra Rowena .... Raio Rosa

Mestre Seraphis Bey .... Raio Branco

Mestre Hilarion .... Raio Verde

Mestra Nada .... Raio Rubi

Mestre Saint Germain .... Raio Violeta

No próprio homem residem mais dois Reinos. O Reino dos Seres Elementais (mundo do pensamento) que tomam forma e man-têm-se em seu espírito; e o Reino dos Anjos (mundo sentimental), os quais reagem multiplicando cada virtude, cada vislumbre de esperança, cada pulsação de Pureza de Paz, de Amor, de Bondade e tudo que é animado pelos mais puros sentimentos. O homem será mestre (3) quando souber unir esses dois Reinos por meio do controle da energia, de seus sentimentos e domínio consciente de seu pensamento. A palavra "Ponte" entre estes dois Reinos tem considerável significado.

Cada um dos Sete Raios é representado, no Reino dos Anjos, por um Arcanjo (orientador da legião de Anjos) e seu complemento Divino.

Não faz parte dos planos dos Arcanjos encarnarem. O Arcanjo Miguel, por exemplo, foi emanado do Grande Sol Central junto com outros seis Arcanjos que formam a guarda de honra, não só da Terra, mas também de nosso Sol físico e de todos demais astros deste sistema solar.

Os Sete Arcanjos e seus Complementos Divinos são:

Miguel e Fé . . . . Raio Azul

Jofiel e Constância . . . . Raio Amarelo-Ouro

Samuel e Caridade . . . . Raio Rosa

Gabriel e Esperança . . . . Raio Branco

Rafael e Mãe Maria . . . . Raio Verde

Uriel e Donna Graça . . . . Raio Rubi

Zadkiel e Santa Ametista . . . . Raio Violeta

Cada um dos Sete Raios é representado por um Elohim (construtor de Formas). Depois que Hélios e Vesta (Reis do Sol) concluíram os projetos destinados aos planetas desse Sistema Solar foram convocados Sete Elohim para dar começo à construção de tudo o que se referisse as partes do projeto, nas quais naturalmente se inclui a Terra.

Cada um dos Elohim está ligado a uma das sete esferas, assim eles contribuíram com as características de seus Raios individuais para a Grande Criação. Os Elohim atuam em conjunto com seus Complementos Divinos e realizam o trabalho do Cosmo como um só Ser de Luz.

Os Sete Elohim e seus Complementos Divinos são:

Hércules e Amazona . . . . Raio Azul

Cassiopéia e Minerva . . . . Raio Amarelo-Ouro

Órion e Angélica . . . . Raio Rosa

Claire e Astrea . . . . Raio Branco

Vista (Ciclope) e Crystal . . . . Raio Verde

Tranquilitas e Pacífica . . . . Raio Rubi

Arcturos e Diana . . . . Raio Violeta

★ ★ ★

GRANDE CONSELHO CÁRMICO

O Conselho Cármico é formado por um Grupo de Seres Divinos, que são distinguidos pela sua Misericórdia ou Compaixão, e cujo serviço consiste em aplicar a Justiça Divina para cada um dos seres que usam a Terra como ambiente de aprendizagem. A esses indivíduos, depois da passagem pela fase chamada morte, são dados seis meses de descanso, sendo-lhes permitido visitar os parentes que os precederam. Durante este tempo eles também são geralmente libertados das tensões da vida passada. Mais tarde aparece um mensageiro divino que os convoca a comparecer perante o Conselho Cármico para prestarem conta sobre a vida que receberam de Deus e sobre a energia que foi usada durante a vida passada.

O Conselho decide, então, sobre o ambiente de aprendizado nos planos internos, para que possam melhor aprender como superar os erros da vida anterior e preparar-se para etapas de progresso na vida futura. O Conselho Cármico decide também quais emanações de vida terão permissão de encarnar em cada ano, seja para a benção da raça ou para resgatar erros praticados. A atuação destes Seres Divinos é sempre plena de Amor e jamais deve ser considerada como um castigo.

Os Senhores que compõem o Grande Conselho Cármico são:

Pórtia . . . . Deusa da Justiça e da Oportunidade

Kuan Yin . . . . Deusa da Misericórdia

Palas Atena . . . . Deusa da Verdade

Libra . . . . Deusa da Liberdade

Nada . . . . Deusa do Amor

Vista ou Cyclopéia . . . O Olho de Deus Todo-Penetrante

Lord Sainthrhu . . . . . . O Manu da Sétima Raça-Raiz

Quem alcança o objetivo de seu desenvolvimento na Terra, a Ascensão, torna-se um Mestre Ascensionado. Isto significa que se elevou no Reino impuro e imperfeito onde perdura o mal, o erro, em todas as suas formas degradantes. Ao ascensionar, o discípulo passou à condição de um ser perfeito e vive no reino onde não pode subsistir a imperfeição.

Eis a importância do Raio de Missão apresentado neste Livro, como você verá a seguir.

Dizem e afirmam os Mestres da Sabedoria da Grande Fraternidade Branca: O Homem é um Deus embrionário. É necessário que nós, dentro de um estado de consciência, estabeleçamos uma análise real de nós mesmos em face de nossos semelhantes da natureza e do próprio Universo. É importante entendermos e compreendermos que nós no Universo somos algo mais além do que instintos animais. Já passamos dessa fase, e se nos colocarmos a passar pela autêntica lapidação, conquistaremos nossos direitos reais de filhos herdeiros de Deus! ao acessar conscientemente o Poder da Presença EU SOU! do reconhecimento de que EU SOU LUZ e A Luz se fará.

O Bem Amado Mestre Jesus Sananda, o Cristo, afirmou: "Vós sois a Luz do mundo" estejais acima do alqueire a fim de iluminar a si e ao seus próprios caminhos e à vida de um todo. "Podeis fazer o que eu faço ou ainda mais." ... Porque Ele próprio vivenciou a Presença do EU SOU, a presença de Deus em ação por seu intermédio, e assim teve durante todo o tempo em suas mãos o mestrado sobre toda energia e substância, podendo mover-se livremente em todo o cosmo – um estado de Consciência acima deste plano de desenvolvimento que é chamado de "nirvana". Isto significa viver um "estado da mais elevada bem-aventurança". Porém, é necessário que entendamos que este estado significa uma expansão da individualidade e, quem uma vez alcançá-lo, segue rumo as oitavas de Luz, ou pode também, renunciar a ele se desejar prestar maiores serviços à vida. Não é demais, almas irmãs?

Esse é vosso objetivo, essa é vossa missão, caso conscientizar-se da Luz que você é, da importância que é ter consciência do seu Raio Cósmico de Missão e também de seu Triângulo Cósmico, cujo assunto você saberá em nosso próximo livro.

Tudo que desejamos é manifestar o desejo autêntico de Deus, pelo intermédio dos mestres Ascensos, e por esta razão o mestre EL MORYA nos conferiu tal tarefa de revelar o Raio Cósmico de Missão e o Triângulo Cósmico, conscientizando as almas irmãs de que, se não quiserem desenvolver-se além de si mesmas, não conseguirão ir além de um ser terreno, no estágio primordial. E de que então, além de permanecerem sem evolução, correm o risco de se retardarem tanto a ponto de permanecerem somente entre o Reino Animal e o Hominal.

Almas irmãs, a nova era é justamente a era para terminar com todos os chamados mistérios que impedem a humanidade de evoluir, e para revelar todos os mistérios autênticos que ajudam a evolução da humanidade. E se nós procurarmos nos abrir para aceitar e compreender que existem planos, estágios, dimensões, energia, espaço, tempo, ação e reação interligando-se entre si, então acredite, vocês e toda a humanidade começarão a vislumbrar que o todo é muito maior e repleto de esplendor do que poderiam jamais imaginar.

E quando passamos a compreender que tudo o que brota do nosso cérebro como pensamento tem uma origem e sentidos profundos para determinar nosso destino, quando compreendemos o poder e o símbolo oculto das palavras que pronunciamos a favor ou contra nós ou outrem, estaremos com toda certeza interpretando o real sentido da vida e tudo que até então para nós parecia como mistérios.

Almas irmãs, os Bem Amados Irmãos da Grande Fraternidade Branca e da Confederação intergaláctica possuem plena consciência do plano concreto de evolução. Por isso, aderindo ao movimento da Ponte de Luz e da Central Crisostelar de Lirah, é claro, obterão maiores informações e acima de tudo aprenderão a assumir sua responsabilidade perante a vida, compreendendo que o real objetivo é estabelecer um plano para a evolução dentro de si mesmo, despertando o nascimento para a autêntica vida que até o presente momento era indefinida, confusa, insatisfeita, frustrada e até mesmo vazia; e justamente por onde vínhamos nos perdendo buscando inúmeros meios, válvulas de escape para preencher todos esses vazios, principalmente o da razão real de nossa existência.

Almas irmãs, ao assumirem sua responsabilidade por intermédio de seu Raio Cósmico de Missão, vocês iniciarão um autêntico desenvolvimento, como se fosse um renascer de novo. Como afirmam os Mestres: "morrer o homem velho para nascer o novo homem". E é neste exato "momentum" que começamos a entender o grande Plano Divino, adquirimos uma nova dimensão de todas as coisas, nosso raciocínio consegue definir o valor real do todo e de tudo no Universo, passamos a compreender a real razão para tudo existir, e tudo o que existe, inclusive cada uma de vocês, e toda sua experiência de vida tem um sentido de ser da forma que é. Porém, com certas oportunidades onde vocês podem colaborar e fazer as mudanças necessárias do incorreto para o correto, do conflito para a harmonia. Esse poder e dom para a real alquimia todos nós temos, contudo, o que precisamos é da conscientização e da autêntica verdade do que é realmente a Vontade de Deus.

Por esta razão, os Mestres da Grande Fraternidade Branca afirmam que nossos pensamentos, palavra e ação são nosso destino, e não existe evolução ou possibilidade de evoluir para uma mente que ainda não atingiu a compreensão e a razão de sua existência e da importância do que isto representa.

Almas irmãs creiam, é necessário que aprendamos os caminhos da evolução. É o mesmo quando vamos despertando nas fases da vida. Em uma dessas fases foi de suma importância que fôssemos à escola e aprendêssemos a escrever. Se não fizéssemos isto, não aprenderíamos o valor das letras e não teríamos capacidade de formar as sílabas, portanto, não saberíamos escrever as palavras e tampouco formaríamos as frases. Não conseguiríamos então unir as frases para expressar nossas ideias, e não seria possível ser um canal destas ideias aqui expressas, e tampouco seria possível estas ideias serem lidas como neste "momentum" está ocorrendo.

Almas Irmãs na Luz, quando compreendermos esta razão e tantas outras, começaremos a nos desenvolver, a nós mesmos e ao Deus que habitou e habita dentro de nós, junto com todo seu reino.

É claro que, enquanto não soubermos até onde somos capazes de ir, é necessário estabelecer um caminho que simbolize para nós nosso mundo. E também é claro que teremos a impressão de sairmos do nosso eixo e nos projetamos em um caminho super ampliado. Na medida em que nossa Consciência e a percepção aumentam, ampliam-se os nossos caminhos e a dimensão deles. Podemos classificá-las como nossa órbita, não nos sendo permitido ir além e tampouco retroceder ao limite mínimo do nosso eixo, a fim de evitarmos o desequilíbrio novamente.

Almas irmãs, as revelações e ensinamentos aqui apresentados não têm a pretensão de convencer ninguém, mas a Vontade Divina sim, de que aqui seja encontrada uma faísca de Luz a auxiliar o despertar de sua consciência e estabelecer dentro de você a lei da busca pelo equilíbrio, que reage e não aceita o que não seja Luz, o que não serve à Luz, o que não vive na Luz, o que não ama a Luz, o que não puder ser mantido, amparado, guiado pela Luz...

Lembrem-se, todos temos livre-arbítrio dado por Deus, temos vivido da Lei de Ação e Reação, pois os instintos lutam. Se somos positivos, reagimos ao negativo, se somos negativos, reagimos ao positivo, temos a liberdade absoluta de optar entre a luz e a escuridão, o positivo e o negativo, a verdade e a mentira. Enfim, no mundo vibratório no qual nos encontramos, estamos procurando sempre a razão de tudo. Embora muitas vezes encontramos a razão negamos sua possibilidade, e essa atitude provoca uma reação que por sua vez provoca um choque que abala todo nosso sistema de equilíbrio.

Então, corremos e nos agarramos à razão, pois já a temos adquirido. E assim temos continuado um caminho entre o real e o irreal, e tudo que Deus quer de nós é que tomemos uma atitude transpondo as muralhas dos próprios limites, e pede que olhemos sempre para trás para vermos pelos tantos pequenos obstáculos que pareciam grandes, mas que transpusemos de acordo com a nossa real e autêntica vontade. Se nos saímos bem, com certeza, ouvimos a voz da Sabedoria de Deus em nós. Se não foi tão vitorioso, é sinal de que há algum pequeno muro para transpor ainda.

Mas, olhe toda a situação como uma pirâmide em forma de escada, cujos degraus nas quatro laterais nos levam ao topo. Enfim, temos o direito de escolher o lado que queremos subir, mas que seja degrau a degrau, e isso fará grande diferença ao se respeitar e se amar, obedecendo, abençoando seu poder e seus limites de ilimitado.

Nosso objetivo, nestas poucas palavras, alma irmã pertencente a cada Raio Cósmico, é poder criar uma forma de ação no seu modo de pensar e sentir, baseando-se nas qualidades e virtudes daqueles que estão além do nosso plano, servindo com todo o Amor de exemplo a todos nós.

★ ★ ★

A PERFEIÇÃO PELAS CORES

*Esta é uma comunicação do Mestre
Ascensionado Saint Germain*

Nesta elucidação das cores, sua ação sobre a vida, saúde, e prosperidade das pessoas, revelamos a Lei dos Mestres Ascensionados. Partindo do ponto de vista da Energia e Vibração, ninguém pode se livrar de sentir as suas consequências, independentemente de sua opinião sobre o assunto: a grande e eterna lei da Energia e Vibração não se modificam para adaptar-se às teorias e inteligência humanas, que somente possuem pequenas parcelas de informações sobre o assunto.

Os grandes Mestres Ascensionados conhecem a poderosa lei da Energia e Vibração em toda sua potencialidade e, por isso, são elas as únicas autoridades em relação à sua ação em nosso Universo.

Cada cor possui uma vibração especial que caracteriza sua propriedade. Na linguagem eletro física, cada cor é uma frequência especial, a manifestação de uma determinada forma e qualidade. Somente nas oitavas mais baixas de vibração pode manifestar-se uma dissonância, já que tudo se torna perfeito quando é alcançada uma determinada frequência. Em outras palavras: quando a vibração alcança a oitava de vida dos Mestres Ascensionados, é acelerada de tal forma que nela só poderá existir a Perfeição. Cada frequência tem sua especial ação sobre os corpos mentais, sentimentais, etéricos e físicos do ser humano em relação à sua saúde, prosperidade e todo seu mundo. A humanidade precisa do conhecimento destes efeitos para corrigir suas destruidoras manifestações de vida e alcançar a perfeição.

Ninguém neste mundo pode obter saúde, prosperidade proteção ou felicidade se continuar a usar roupas pretas ou vermelhas, ou se mantiver estas cores em seu ambiente. Na cor preta não existe nenhuma vida, nenhuma saúde ou vibração de progresso, porque é a negação de toda vida.

Quando os Mestres Ascensionados nos confirmam esta verdade, os humanos respondem: "Bem, mas existe a escuridão da noite, que foi provida pela natureza, para o nosso repouso e descanso". A verdade é que a verdadeira vibração da noite não é o preto, e sim o azul escuro, no qual existe uma vibração vital. Outros perguntam sobre o vermelho nas diversas bandeiras: este vermelho simboliza o derramamento de sangue dos patriotas do passado. Quando cessar a causa das guerras, o vermelho será substituído pelo OURO quando a Idade de Ouro já estiver reinando plenamente.

O vermelho escarlate, o vermelho do fogo (em contraposição ao vermelho rubi, que é edificante) não é nada construtivo, já que a verdadeira vibração das cores para todos os seres humanos nesta terra é OURO.

Isto não são palavras humanas, e sim as palavras e a Lei dos Mestres ascensionados: Toda cor vermelha irritante deste planeta é um sinal de impureza, e quando esta impureza tiver sido afastada, a cor se transformará imediatamente em OURO. Qualquer um pode verificar isto. Quando o fogo queima, a cor demonstra a quantidade de impurezas na substância queimada. Quando, por exemplo, são queimadas folhas e substâncias naturais, a chama se torna dourada. Somente quando elementos impuros são adicionados ao fogo, a chama toma a tonalidade correspondente. O vermelho no fogo físico é impureza que está sendo calcinada.

Reparem como o uso da cor vermelha é sempre sinal de alarme e perigo. Mesmo no uso da sinalização de parada e dos sinais de perigo o vermelho significa "pare". Há uma premente necessidade de que isto seja compreendido pela humanidade. Principalmente os alunos dos Mestres deveriam reconhecer que em sua maneira de sentir e pensar refletem-se as cores com as quais estão circundados. Isto significa: o ser humano é o mestre de tudo, de cada condição que ele aborda, quando compreende esta Lei e se submete a ela.

Cada um recebe, através de seus olhos, as propriedades das cores que contempla, e através deles, estas propriedades imprimem-se em seu corpo. Isto se torna muito evidente quando movimentamos um pano vermelho diante de um touro, como o faz o toureiro para atiçá-lo. Se isto acontece com um touro, tanto mais acontecerá com o ser humano, que é bem mais sensível. Por isto as crianças gritam e choram, quando adultos vestindo vermelho ou preto querem carregá-las. Crianças são infinitamente mais sensíveis do que adultos.

Uma das catastróficas reações através das cores acontece pelo uso dos raios infravermelhos, para as assim chamadas curas e aquecimento. Às vezes, estes raios suavizam temporariamente as dores, porém, se as pessoas que os usam pudessem ver o que acontece em seus corpos de sentimento, como estes raios lhes causam danos que levam dias e semanas para desaparecer, não iriam nunca mais usar estes raios infravermelhos, para não mais ter que suportar as perturbadoras formas que eles produzem. Lei é lei, e ninguém escapa a esta poderosa Lei da Energia e Vibração. Certas vibrações causam no ser humano um sentimento de conforto, outras, o contrário. Portanto fica claro: se quisermos a perfeição, a bem-aventurança, a felicidade e a prosperidade, teremos que controlar definitivamente as vibrações que perpassam o nosso espírito, nosso corpo, e penetram em nosso mundo. Para alcançar isto, a escolha das cores com as quais convivemos em nosso ambiente é um dos métodos mais poderosos e fáceis. Qualquer um pode experimentar isto consigo mesmo. É impossível conseguir suficiente alimento, vestimenta, saúde e força, ou qualquer outra coisa, se usarmos o preto e o vermelho em nosso ambiente. Lembrai-vos sempre! Quando privamos uma planta de Luz ela morre, e a vibração do preto nos priva da Luz da vida.

Agora chegamos às vibrações que tornam as pessoas felizes e satisfeitas. Isto está contido nas seguintes cores: branco, ouro, rosa, verde, azul e violeta. Somente quando estas cores forem mantidas em suas tonalidades puras, serão canais para a libertação da perfeição, a qual todos almejam. Cores impuras em pastel em suas diversas graduações escuras não são positivas. Podemos usar os tons suaves destas cores, mas as tonalidades pouco luminosas, pesadas e escuras são destrutivas em sua ação sobre a vida do ser humano e suas atividades. Verde acinzentado, amarelo esverdeado, vermelho em tons de marrom, etc. Não contém nada daquilo que a pessoa realmente necessita para si e seu mundo. Seria muito bom se as pessoas tomassem cuidados com as cores que usam, brevemente teriam a prova desta grande Lei, e nunca mais usariam cores que não possuem a pureza e perfeição das esferas de Luz dos Mestres Ascensionados, o único lugar de onde emana a perfeição.

O uso destas cores negativas na moda e na arte acontece através das sugestões hipnóticas do mundo das trevas, que procuram diminuir a busca positiva da Luz pela humanidade. Por isso tantas pessoas não conseguem manter seus ideais e seguir a sua busca da Luz, que somente pode manifestar-se nas puras e límpidas tonalidades. A perfeição dos Mestres ascensionados é a única fonte para a perene felicidade, é a vitória da Luz. Quem quiser a vitória da Luz, saúde, abundância e felicidade, usará e cercar-se-á somente com cores claras e luminosas. Elas contêm a perfeição, e são os canais que liberam as dádivas e bênçãos.

As cores que a humanidade atualmente mais necessita são: branco, ouro, rosa, violeta, azul e verde.

Violeta: Purifica, transmuta, ilumina, espiritualiza, eleva e dá grande sentimento de liberdade.

Ouro: É a irradiação da paz. Ela contém sabedoria e iluminação, acalma, harmoniza e eleva o ser humano para a Consciência Divina. Expande a atividade do Divino Amor no coração das pessoas, evita a perturbação dos sentimentos, suaviza os nervos em rebelião.

Verde e Ouro: Juntos agem como um magneto que atrai a abundância para a atividade externa das pessoas, harmonizam-nas e as mantêm no correto caminho. Abundância para todos que usam estas cores em conjunto.

Verde: Verde é a irradiação da verdade, da cura e da celebração.

Rosa e Rubi: É a atividade de puro Amor Divino, piedade e misericórdia, que abençoa e espalha clemência e perdão em tudo que abrange. Liberam poderosas forças de cura, por causa das suas tonalidades suavizadas que atuam no sentimento do perdão e descontração do Amor Divino.

Branco: É sempre a mais poderosa pureza da onipotente "Presença EU SOU" e contém todas as outras cores e as suas propriedades. Purifica, ilumina, traz perfeição, eleva cura e protege, porque contém a pura Luz Branca, a abundância de todas as coisas boas. Branco é a substância primeva da qual tudo consiste.

Azul: É energia, força e poder, fé e vontade Divina, mas quando não qualificada com a Divina Consciência e o Amor dos Mestres Ascensionados e dirigida através de sua sabedoria, é somente simples força eletrônica, que se chama poder. Quando não for usado pela Sabedoria e Amor Divino, o azul carrega tudo com a sua energia. Por isto deveria ser sempre qualificado com a consciência dos Mestres Ascensionados, e somente então se tornará construtivo.

As cores que todas as pessoas agora necessitam são portas abertas, através das quais penetra edificante qualidade aos seus sentimentos, seus corpos, seus pensamentos e seu mundo. Sois a autoridade daquilo que quereis manifestar em vossa vida e em vosso mundo.

A Lei da Energia e Vibração é eterna e absoluta. Sois vós que tereis que escolher. Obedecei à grande Lei do EU SOU, assim como os grandes Mestres vos ensinaram. Tornai-vos, através desta obediência, a abundância de toda perfeição assim como eles o fizeram.

Reconhecei a vitória da Luz e a plenitude da Liberdade através da Luz!

★ ★ ★ PRIMEIRO RAIO: AZUL ★ ★ ★

MESTRE EL MORYA

(atualmente Senhor Sírio)

Virtudes: Fé, Vontade e Poder Divino, aquele que Abre a porta

Arcanjo: Miguel

Elohim: Hércules e Amazona

Som: Canto Gregoriano

Perfume: de Feno

Dia da Semana: Domingo

Cristal: Água-marinha, safira, turquesa

Sentido: Toque

Política: Fascismo

Plano evolutivo: Puro espírito

Hierarquia: Shambala

Mantra: AUM (mantra-raiz que produz o som da expansão da energia. Som da Luz e da Paz, por abranger o Espaço, o Tempo e por esta Energia atuar na Terceira e na Quarta dimensões. É o Princípio e o Fim de todas as coisas. É cósmico, galáctico, solar e Planetário).

Alimentação: a maioria das frutas azuladas, tais como ameixas, uva-do-monte, feijão, fruta-do-conde, etc.

Representa: O Princípio

Floral de Saint Germain: São Miguel, vem reforçar a determinação em cumprir o seu propósito divino.

Mestre El Morya presta assistência a todos os desejosos em cumprir a Vontade de Deus.

Este Amado Mestre Ascensionado El Morya veio para Terra como Espírito Guardião de Mercúrio. Ele foi rei em muitas encarnações. Durante o nascimento do Amado Mestre Jesus, Ele era Melchior, um dos três Reis Magos. Foi Rei Arthur dos Quinto e Sexto séculos.

De maneira a suavizar sua natureza e obter equilíbrio, após suas muitas encarnações como rei, Ele encarnou como Sir Thomas Moore, o Poeta, e também como o humanista e estadista inglês Thomas Morus. El Morya comandou três Cruzadas e foi um Imperador mongol, Jalal-ud-dinMohammed Akbar, o Grande.

El Morya ascensionou por volta de 1888. Hoje Ele é o chefe do Conselho da Grande Fraternidade Branca na Índia. Suas disciplinas são muito severas. É reconhecido por sua habilidade em conseguir que as coisas sejam feitas sem rodeios. O discipulado sob sua orientação pode ser comparado à imagem de3alguém subindo um escarpado, suportando cortes, machucados, mas chegando ao alto comparativamente depressa.

Juntamente com o Amado Mestre Kuthumi (2º Raio – amarelo-ouro), no desejo de auxiliar o Amado Mestre Saint Germain (7º Raio – Violeta), fundaram a Teosofia, que promoveu o movimento espiritualista que fez o mundo ocidental conhecer a Sabedoria dos Mestres Ascensionados e a natureza de seu trabalho.

Foi concedido ao Mestre El Morya a permissão para fundar a Ponte para Liberdade, que levou aos humanos os Ensinamentos da Grande Fraternidade Branca Universal.

O Mestre El Morya e todos os seus auxiliares do Primeiro Raio são denominados "pioneiros", propagadores de novas ideias. Essas inovações, a princípio, são sempre rejeitadas pela massa humana.

Seu Santuário é na Índia e representa a "Vontade de Deus". O Mestre El Morya é o Grande Mestre responsável pela orientação e desenvolvimento do povo asiático tendo, ao mesmo tempo, a atribuição de fiscalizar os governos de todos os países.

Embora seja detentor de todo o Poder, é magnânimo, digno e austero, e reflete estas qualidades não somente na vida exterior, mas para qualquer ponto ao qual dirija sua atenção.

Mensagem Raio Azul

"EU SOU a Luz que mora em teu coração, a Luz que te transpassa, vivifica e significa a Força vital para ti. EU SOU a Verdade, a Força da fé e da Vontade Divina. EU SOU tudo aquilo que é puro, belo e perfeito em ti e em teu mundo. Todas as substâncias de teus corpos e de tua aura são preenchidas por esta Luz, o EU SOU, e minha perfeição cresce em ti e se irradia ao exterior, se o permitires".

Acolhei estas palavras em vosso coração, amados alunos. Se as disserdes frequentemente, com a necessária convicção interna, elas se tornarão realidade. Certamente tereis que fazer tudo que favorece à Pureza e à Clareza em vós e dissolver aquilo que não lhes corresponde. Então este divino mandamento de vosso EU SOU poderá realizar-se. Isso não vale a pena?

Todas as puras Forças que aprendestes a manejar, servem para vosso progresso, para que algum dia termineis vosso Caminho de Luz, podendo tornar-vos auxiliares de muitas pessoas. Este é o caminho do verdadeiro Aluno da Luz, que iniciastes e vos levará às alturas, se colocardes a Pureza e a Verdade em lugar primordial em vossa vida, desenvolvendo cada vez mais o puro Amor a toda a vida.

Não é tão difícil ser um verdadeiro aluno da Luz, pois quanto mais observardes esses ensinamentos, tanto mais fácil se tornará o caminho para vós. Os seres humanos complicaram tanto seu caminho terreno que dificilmente conseguem sair de seus problemas. Entretanto, é tão simples seguir a trilha da Luz. Ela é evidente. Quanto mais aprenderdes a eliminar superficialidades, que se tornam cada vez mais insignificantes, tanto mais claros se tornam os degraus que vos faltam vencer, e cada vez menos pedras surgirão em vossa trilha.

Este Caminho, que também nós seguimos, gostaríamos de descrever-vos em cores luminosas. Também vós devereis vê-lo da maneira como nós o descrevemos, e vossos problemas e cargas se amenizarão. Submetei vossa vida ao vosso divino EU SOU Ele conhece o Caminho e vos guiará com segurança. Chamai ao vosso mundo todas as Forças de que necessitais, elas estão à vossa disposição, e afastai aquilo que não faz mais parte da vida de um aluno da Luz.

Mostramos-vos a senda e ajudamos-vos a alcançar todas as estações que ainda se encontram à vossa frente.

Arcanjo Miguel

Dos sete poderosos Arcanjos, Mensageiros de Deus, o Arcanjo Miguel – o Senhor dos Anjos, é o mais conhecido, ele é o Arcanjo Miguel da fé, da proteção e da libertação do mal. Os apelos infindáveis que lhe têm sido dirigidos pelos seres humanos, e as Suas prontas respostas, contribuíram para que Ele se aproximasse mais da Terra. O Príncipe Miguel ouve as súplicas das criaturas que se queixam de suas dores, tanto morais quanto físicas. Bem no início, quando os homens encarnaram aqui, Ele resolveu vir, espontaneamente, e ser o guardião da fé. Acompanhado de Suas Cortes Celestiais desceu a Terra, a fim de atender a todos aqueles que desejassem o Seu auxílio.

O Templo do Príncipe Miguel no plano etérico está situado sobre as Montanhas Rochosas, no Canadá; e por longo tempo existiu aqui. Ele é circular e de proporções consideráveis; tem quatro entradas que correspondem aos quatro pontos cardeais. Esse Templo foi construído com um material maravilhoso, de cor dourada, e possui magníficas incrustações de safiras azuis. Sobre a cúpula há uma estátua do Príncipe Miguel. Do Templo etérico do Arcanjo Miguel saem, incessantemente, os auxiliares e mensageiros da proteção, misericórdia, absolvição e auxílio. O Raio do Absoluto (da fé inabalável em Deus) transpassa incessantemente os planos mental, sentimental, etérico e físico do planeta, bem como os reinos em evolução.

São muitas as pessoas que vão à noite, em seus corpos sutis, a esse Templo, principalmente as que desejam libertar-se de qualquer limitação humana, como doenças e problemas da alma. Em especial você que pertence ao Raio Azul, deve visitar o Templo.

O Príncipe Miguel e Suas Legiões virão em seu auxílio seccionando àquelas forças malignas, libertando-o. Para isso é necessário que o pedido seja feito com fé, pois assim o resultado será infalível.

Todo aquele que ler ou ouvir falar deste ensinamento receberá ajuda considerável se, antes de adormecer, dirigir sua atenção ao Templo da Fé e da Proteção suplicando ao Arcanjo Miguel para que o defenda de toda causa e germe de sofrimento e limitação. Desta forma, o poder da Luz penetrará em seu mundo mais rapidamente, trazendo-lhe a perfeição que o seu coração almeja.

Elohim Hércules e Amazona

O Elohim Hércules e Seu complemento Divino Amazona foram os primeiros contemplados coma oportunidade de ajudar os Deuses Pai-Mãe deste sistema e, nesse mister, criaram a Terra com substância primordial. Eles atenderam ao chamado dos Bem-Amados Hélios e Vesta, e vendo o planejamento divino disseram: "Queremos ajudar na criação do planeta Terra para que ele seja o 'habitat' das futuras gerações, ainda não nascidas do Coração de Deus!". Na criação de cada forma devia estar presente à Vontade que, auxiliada pela Força, completava o projeto previsto para expandir o "Limite do Reino do Pai". Hércules e Amazona representam a dinâmica Chama Azul do Poder e da Ação voluntária. Se apelardes a essa Chama para vos envolver, manifestar-se-ão em vosso mundo a proteção, o ânimo e a força, pois nenhum outro poder pode igualar-se, jamais, ao de Hércules.

Apelo ao Arcanjo Miguel Elohim Hércules e Amazona

EU SOU o intransponível Manto Eletrônico de Proteção que me mantém na Luz e abrigo do meu Divino Eu, que me dá segurança e Proteção onde quer que eu esteja, e afasta toda a imperfeição de mim.

Eu me mantenho, firmemente, nesta Luz e dirijo a atenção à Perfeição Divina em mim e a toda vida que me cerca.

Em nome da Presença Divina EU SOU, apelamos por vós, grandes seres Elohim Hércules e Arcanjo Miguel:

Nós imploramos vossa Proteção Cósmica para o Centro da Ponte da Liberdade da Hierarquia Espiritual, para cada Foco de Luz sobre a Terra e para tudo que convergir para a sua instalação e manutenção. Assim seja!

Cerimonial do Raio Azul

Fé, Força, Proteção, Vontade e Poder Divinos

Pedidos: relacionados ao lado profissional, causas difíceis materiais, negócios. Para obter proteção dos anjos. Para fortalecer a fé e a força divina em você.

Dia correto para iniciar este ritual: Domingo (fazer durante 7 dias).

Horário correto: das 9h às 15h ou das 18h às 21h.

- 1 vela Azul num pires branco ou castiçal.
- 1 incenso.
- 1 jarro com hortênsias ou flores azuladas.
- 1 copo/taça de água para fluir (para ser tomado após o término do ritual).
- 1 toalha branca para arrumar o local do seu ritual.
- 1 pedra Sodalita ou Água marinha.
- 1 foto do Arcanjo Miguel ou Mestre EI Morya, ou de um anjo.
- Apelos do Raio Azul
- Um papel branco com todos os seus pedidos escritos a lápis (no oitavo dia, você deverá queimá-lo e reservar as cinzas para soprá-las ao vento, de preferência na Natureza).

Prepare seu pequeno santuário. Coloque uma música suave. Acenda a vela e o incenso. Feche os olhos e serene seus pensamentos. Respire três vezes profundamente, porém, lentamente. Chame, amorosamente, por seu anjo de Guarda e imagine um facho de Luz Azul te envolvendo numa espiral de luz brilhante. Faça apelos aos Senhores do Raio Azul, ao Arcanjo Miguel e a todos os anjos responsáveis por nos ofertar as energias da Fé, da Força Espiritual, da Proteção contra todo mal, Poder e Vontade Divina. Converse com o Arcanjo Miguel e faça seu pedido pelas vias do pensamento ou leia o que está escrito no papel. Neste momento visualize a cor Azul em espiral envolvendo seu pedido, seus familiares, sua casa, sua cidade, seu país, expandindo para todo o Planeta Terra. Mantenha esta visualização por alguns instantes. Respire novamente por três vezes e, humildemente, agradeça a Deus, ao seu Anjo guardião e a todos os responsáveis pelo Raio Azul, por este "momentum" de Paz, de Luz e Perfeição. Repita mentalmente:

EU SOU a Fé. EU SOU a Força.
EU SOU o Poder de Deus em ação.

Abafe a vela, reservando-a para os dias seguintes.

Tome a água lentamente. (no sétimo dia, tome a água e deixe a vela queimar até o fim).

Observação: Se a vela chorar muito e sobrar muita parafina, o anjo sente dificuldade em realizar seu pedido e pede mais orações, ou seja, se for da sua vontade, repita o ritual.

Meditação Raio Azul

Nós depositamos num aluno consciente e diligente grandes esperanças que nos obrigam, aqui e acolá a intervir um pouco, quando ele se encontra em dificuldades. Isto é a recompensa pela cooperação do aluno, ele fez jus a esta ajuda de nossa parte. Porém, também em vós mesmos se encontram Forças que vos permitem se sair bem de qualquer situação. Depende somente do reconhecimento desta Força.

Imaginai estar no fundo de um desfiladeiro, com paredes verticais e agrestes de ambos os lados, e um riacho caudaloso. Após uma pausa de silêncio e reagrupamento de energia, elevai-vos até a altura da montanha sem cansativa escalada, apenas com o propósito de consegui-lo sem grande esforço.

Seu Raio Cósmico de Missão Azul

O Primeiro Raio é o despertar da autoconsciência, é o Raio da vontade e Poder, é o foco causal de vida, é a Vontade de Ser, o que abre a Porta.

Raio Azul, nesta existência você veio para buscar experiências que o levarão a descobrir suas próprias habilidades, destreza, capacidade para convencer, inteligência rápida, e conscientizar-se de que possui facilidade de trabalhar com qualquer coisa. Você tem o impulso para reger, romper barreiras, possui dom para iniciar e criar em qualquer nível.

Nasceu para usar da vontade espiritual em benefício do coletivo, utilizar o poder para o propósito de enaltecer a Unidade e a beleza das pessoas, pois possui coragem, diligência, rápido discernimento e forte capacidade de liderança para inspirar os outros.

Você não se deixa desanimar por fracassos iniciais, costuma ser persistente até que o objetivo seja alcançado. Tem tendência a expressar a individualidade, com autoritarismo. Você é dinâmico, deve sustentar a vontade que permitirá proceder a novas ações.

Você, Raio Azul, possui originalidade, criatividade e iniciativa. É individualista, dominante, independente, agressivo, pioneiro, é o chefe que gosta de autoridade, é aquele que vai na dianteira, sempre à frente de uma operação ou início de uma atividade. É o Raio do soldado, do estadista, do regente, do líder, do explorador, do governo, do político, do administrador.

Nesta existência deve procurar trabalhar suas deficiências de caráter, tais como: sua ambição ilimitada, o uso da vontade e do poder para propósitos egoísta, manipulação dos outros pelo poder pessoal, sua disposição para ira, sua intolerância a crítica, seu forte sentimento de orgulho pessoal, sua arrogância e sua falta de fé.

Possui mente forte e dirigida, com opiniões muito individuais e pontos de vista que podem levar um Raio Azul a uma posição de isolamento.

Raio Azul, você tem necessidade de dominar pensamento intencional ou intelectual. Deve procurar lapidar este anseio.

Emocionalmente, às vezes é muito frio e desinteressado, outras vezes as emoções são profundas e podem explodir como um vulcão. Você é emocionalmente tímido e reservado na maioria das vezes.

A um ser do Raio Azul é recomendado que cultive a compaixão, a humildade, o interesse em partilhar, a Fé, a Vontade Divina, a Força e o Poder de ação para alcançar os objetivos, bem como a Determinação e a Perseverança.

Procure aprender a ser original e a ter força de vontade, a ser criativo e inovador, a ter coragem e o impulso para penetrar novos campos de expressão e ser pioneiro, determinado e perseverante, dominante e obstinado. Pois, por natureza, não gosta de ser limitado ou dirigido.

Aprenda a ser organizado e eficiente. Procure desenvolver uma atividade que lhe dê prazer. Aprenda a familiarizar-se intimamente com a Energia Divina. Aprenda, Raio Azul, a amar a Deus sobre todas as coisas e ao próximo como a ti mesmo. Aprenda a ser consciente de si mesmo.

Você nasceu para lapidar suas deficiências, assim como para reconhecer seus talentos, sua luz própria, e também para auxiliar outras pessoas à sua volta a lapidar-se e a reconhecer seus talentos e sua luz própria.

Por esta razão, você vai se ver às voltas com pessoas justamente deficientes destas qualidades, desde o berço onde nasceu, ou seja, na sua própria família, no seu trabalho, no ciclo de amizades, etc. Isso acontece para que você possa exercitar a sua Luz, sua fé, sua força espiritual em auxílio aos outros. Auxiliando os outros, você aumenta gradativamente estas qualidades em você e lapida estas suas deficiências.

Seja em suas ações o que é em seus pensamentos, assim, abrirá o portal das possibilidades de autorrealização e todos os elementos lhe serão favorecidos para chegar à concretização dos seus projetos.

Sua tendência é de adotar uma atitude para agir de forma despreocupada, usando seu talento para evitar obstáculos. Mas no fundo, a dose de ser demasiadamente bonachão é grande. Você tende a ser evasivo e possui forte inclinação oculta de utilizar-se da forma e do Poder, erroneamente.

Em certas circunstâncias embaraçosas, pessoas ineptas se interpõem no caminho do seu progresso, mas você próprio tem seus defeitos, suas fraquezas, por isso sua aversão aos erros e grosseria nos outros. Isto resulta, em parte, de suas tentativas frustradas de controlar sua tendência de ser mais rigoroso. Porém, se usar da perseverança que este Raio lhe confere, poderá abandonar completamente este hábito de dominador e líder autoritário. Tendo conseguido isto, não precisará se preocupar tanto em ser afável.

Enquanto você estiver tentando corrigir seus próprios defeitos, você pode tornar-se demasiadamente tolerante e indeciso. Isso você pode corrigir, Raio Azul, se usar as virtudes deste Raio procurando agir com mais vigor em suas atitudes, sendo firme, determinado e, às vezes, dependendo das circunstâncias, até rude.

Enfrente os desafios que surgirem com determinação diante dos obstáculos, assim conseguirá que o seu Poder de Fé e Força de Vontade Divina venha à tona. Tudo o que precisa é agir com vigor demonstrando para si mesmo que acredita no que deseja no que pensa e no que sente, e assim conseguindo vencer essa tendência evasiva e de mau uso da Força.

Lembre-se que até mesmo o evento mais inteligentemente planejado pode não ser inteiramente isento de barreiras. Às vezes é preciso usar força e determinação. Se você, Raio Azul, se mostrar demasiadamente polido e condescendente para não ofender ninguém, poderá sair-se mal de certas confrontações e enfraquecer sensivelmente sua posição. Aja com despreocupação e inteligência, mas mostre-se disposto a remover os obstáculos que não conseguir contornar. Afirmando-se e redobrando, dessa forma, o amor próprio, você conseguirá desimpedir o caminho para seu próprio progresso e evitará conflitos, atritos, tendo uma atitude mais inteligente, sem fuga das questões que estiverem em pauta em sua vida.

Raio da Vontade e Poder, este é o foco causal de vida, é a Vontade de Ser.

As pessoas que pertencem ao Raio Azul demonstram qualidades naturais de liderança, energia de vontade e poder, ou ao menos o ímpeto de dirigir. Inclusive é o Raio do governo e da política. As pessoas deste Raio possuem um impulso natural e habilidade para cumprir sua tarefa e missão frequentemente auto impostas, com autoconfiança e responsabilidade.

Possuem coragem de persistir contra os obstáculos, assim como capacidade natural para inspirar outros a novos e mais elevados níveis de ousadia e expressão. São ardentes, entusiastas perante os desafios, normalmente veem-se tendo que tomar decisões sobre a direção que as outras pessoas devem seguir em suas vidas.

Quando um ser do Raio Azul é altamente desenvolvido é convidado a emitir julgamentos, pois, tem habilidade de unir piedade com justiça. Costumam ser diligentes e não dados a pedir apoio e elogio, preferem criar suas próprias estruturas de apoio.

Os seres do Raio Azul apresentam diferenças a serem consideradas quando expressam seu lado inferior. O anseio será exercer o poder pessoal e expressar a vontade pessoal sobre outras pessoas. Entretanto, exercer este poder de maneira firme com uma personalidade amorosa é mais benéfico para ambos. Uma das armadilhas com a polaridade negativa da expressão do Raio Azul refere-se ao mau uso da Vontade. Facilmente pode haver uma inclinação para ambição e domínio desenfreados. Deve-se trabalhar ambiciosamente, mas sem apego à ambição. A tendência negativa destes seres quando têm um objetivo em mente é a de avançar com todo o poder, ego, impaciência, arrogância, sem tato com os outros. Outro aspecto é que a coragem pode dar lugar à temeridade, e o impulso de apoiar os esforços das outras pessoas pode ser transformado em tentativa de dominar por meio do emprego da força. Quando o Raio Azul é expresso no plano mental de algumas pessoas, estas são frias, indiferentes e isoladas.

Sua vocação profissional é: Esse dom latente para a liderança foi adquirido em vidas passadas e traz agora o desejo de continuar, mas com a diferença de que nesta vida você veio para encontrar o caminho da liderança e independência, num grau de consciência mais elevado.

Portanto, profissionalmente, nasceu para ser um mago esotérico, político, compositor, orador, artista criativo, comunicador, radialista, militar ocupando cargos de comando, diretor, organizador, criador de modas exclusivas, pensador, jornalista, escritor de ideias próprias, inventor, cantor, músico.

Características e efeitos do Azul em nosso Corpo

Físico: Tonificante, ajuda a baixar a pressão alta, acalma, nevralgias, alergias, resfriados, males da garganta, tosse, beneficia o sistema digestivo, elimina acidez excessiva, tônico bom para celulite, revigorante, refrescante, analgésico e antitérmico.

Emocional: Aumenta a confiança interior, dissipa os medos, acalma, traz tolerância para consigo mesmo e para com s outros, auxilia quem tem dificuldade de dizer o que pensa e também quem fala demais, estimula a concentração para as pessoas inquietas, ajuda na meditação e criatividade.

Espiritual: Apoia a comunicação do Amor, promove alinhamento com o Plano Divino, possibilitando o despertar da verdadeira Fé, Força e Poder, estabelecem contato com a Paz.

O ser do Raio Azul é regido pelo Chakra Laríngeo. Portanto ele está propenso a todas as doenças ou distúrbios na região da garganta, dentre elas: laringite, faringite, amidalite, problemas com a tireoide, problemas nas cordas vocais, bócio, dores de garganta, rouquidão; dentição e alergias de toda ordem.

Chakra Laríngeo (Garganta)

O quinto chakra é o centro de comunicação, a fonte da palavra e do canto. Ele é a capacidade de primeiro reconhecer e depois comunicar efetivamente nossas necessidades. No nível deste chakra aprendemos a praticar e aperfeiçoar a comunicação oral. Comunicação envolve, além de falar mais do que ouvir; o escutar atento.

O Chakra Laríngeo está situado na laringe, sua cor é o azul claro e seu elemento é o Éter. Possui 16 pétalas, sua forma geométrica é o círculo. Rege o plexo nervoso: Gânglios cervicais, medula; o sistema fisiológico: Respiratório; e o sistema endócrino: Tireoide e Paratireoide. Comanda os pulmões, aparelho brônquico, vocal e canal alimentar.

É o centro da expressão, comunicação e julgamentos. Está ligado ao trabalho criativo e profissional: músicos, compositores, artistas e oradores. Está associado ao som, ritmo e aos sentidos de audição, paladar e olfato. Sua disfunção ocorre quando não se expressa corretamente a verdade. Quando há censuras, negativismo e hostilidade, surgem o medo, o retraimento e o fracasso, que geram doenças dos pulmões, garganta, ouvido, bronquite, gagueira, bócio e dificuldades em se expressar.

Relaciona-se com o corpo espiritual ou mental superior. Age como uma ponte de comunicação entre todos os corpos e sua inteligência está além do dualismo. Quando este chakra está em equilíbrio ele acessa a sabedoria e o conhecimento infinito ou superconsciente e reconhece a Verdade quando a encontra.

Decretos do Raio Azul

1º Decreto

Em nome do Poderoso Arcanjo MIGUEL:
EU SOU, ao redor deste templo, e em todos
os seus discípulos da Luz, em (cidade) e no (país).

O Poderoso Círculo Mágico de Proteção, o inquebrantável
Anel Cósmico e insuperável cinto de Proteção.

EU SOU a Perfeição dos Mundos que se mantêm com sua própria Força.
EU SOU a Presença Divina em mim, que me veste com o irradiante e
Branco Manto de Luz que me protege contra toda imperfeição.

2º Decreto

EU SOU o intransponível Manto Eletrônico de Proteção
que me mantém na Luz e Abrigo do meu Divino Eu,
que me dá segurança e proteção onde quer que eu esteja
e afasta toda a imperfeição de mim.

Eu me mantenho, firmemente, nesta Luz e dirijo a atenção à
Perfeição Divina em mim e em toda Vida que me cerca.

3º Decreto

Em nome da Presença Divina EU SOU, apelamos por Vós, grandes Seres, Elohim Hércules e Arcanjo. MIGUEL:

Nós imploramos Vossa Proteção Cósmica para o Centro da Central Crisostelar de Lirah da Hierarquia Espiritual, para cada Foco de Luz sobre a Terra e para tudo que convergir para a sua instalação e manutenção.

Assim seja!

★ ★ ★ SEGUNDO RAIO: AMARELO-OURO ★ ★ ★

MESTRE KUTHUMI
(atualmente Mestre Confúcio)

Virtudes: Sabedoria, Inspiração, Intuição, Percepção e Iluminação.

Arcanjos: Jofiel e Constância

Elohim: Cassiopéia e Minerva

Som: Roçar de folhas

Perfume: Enxofre

Dia da Semana: Segunda-feira

Cristal: Citrino, Topázio

Sentido: Intuição

Política: Democracia

Plano evolutivo: Monádico

Mantra: AUM (Mantra-raiz que produz o som da expansão da energia. Som da Luz e da Paz, por abranger o Espaço e o Tempo, e por esta Energia atuar na Terceira e na Quarta dimensões. É o Princípio e o Fim de todas as coisas. É cósmico, galáctico, solar e Planetário).

Alimentação: Gordura, pastinaga, pimenta-amarela, milho dourado, inhame, abobrinha, abacaxi, banana, limão, laranja, melão, mamão e a maioria dos vegetais e frutas de casca amarela Representa: a Parceria, o ímã cósmico.

Floral de Saint Germain: Embaúba, para tomar consciência de seu poder, da sua missão, da sua importância da tarefa no planeta. Traz conhecimento e entendimento.

Mestre Kuthumi foi diretor deste Raio até o ano de 1956, quando então, juntamente com o também Ascensionado Mestre Jesus Sananda, foi elevado à categoria de Instrutor do Mundo.

Mestre Kuthumi foi Pitágoras (500 AC.). Ele fundou uma escola em Crofona no sul da Itália, onde fez diversas descobertas em diversos campos da matemática, astronomia e música. Ele determinou que o mundo era redondo, que os planetas produziam a música das Esferas, que o verdadeiro ser do Homem é imortal e deve reencarnar várias vezes até conseguir a ascensão. Nos tempos bíblicos, ele foi Gaspar, um dos três sábios (Reis magos).

Poderia ter ascendido antes, mas adiou sua ascensão, assim como o fez o Mestre EI Morya, a fim de fazer surgir a Teosofia.

Mais tarde Mestre Kuthumi encarnou como São Francisco de Assis (por volta de 1200 DC). Tinha grande amor pelos animais, ajudou milhares deles a alcançar o ponto em que não precisassem mais reencarnar. Era um homem muito paciente e gentil. Poderia passar horas ou um dia inteiro observando uma flor desabrochar plenamente. Em uma encarnação posterior, Kuthumi construiu o Taj Mahal na Índia, 1640 DC, uma das construções mais belas de todo o mundo. Em sua última encarnação, Ele e o Mestre EI Morya foram instrumentados para que a Teosofia surgisse. Mestre Kuthumi manteve uma encarnação na Índia durante 300 anos e ascensionou em um vale das Montanhas Himalaia por volta de 1889.

A missão do Mestre Kuthumi e de seu sucessor Amado Mestre Lanto e do atual Chohan do Segundo Raio, Mestre Confúcio, é melhorar o conhecimento dos países e das raças, dedicando-lhes muita atenção Só quando a mente externa da humanidade, o coração compreensivo falar, realizar-se-á a verdadeira Fraternidade Universal. O Raio amarelo-ouro representa a segunda pessoa da Santíssima Trindade, também chamado FILHO, e sua atuação constitui para o ser humano uma das etapas mais espinhosas no processo de desenvolvimento. Porque embora a Sabedoria aparente ser paz e serenidade (visto que não é provada pela força e sim pela paciência interior), exige a difícil virtude de saber escutar e esperar.

Mensagem Raio Amarelo-Ouro

O processo de Aprendizagem Humano

Somos os guardiões do desenvolvimento terrestre, e sempre o fomos, mesmo que os seres humanos pensem que o mal tenha assumido o poder. A humanidade terá que se desenvolver pela própria força e através de próprios processos de aprendizagem, como também nós o fizemos. E nossa tarefa ensinar isso às pessoas receptivas, tarefa esta que realizamos fielmente. Os passos através de todos os degraus da evolução da centelha de Luz, do início da criação até o homem divino, estendem-se por milhões de anos.

A história terrena é testemunha da morosidade do processo de aprendizagem humana. Está recheada de crueldades, provenientes da cobiça. Entretanto, em toda parte a justiça exige a compensação de todos que contra ela agiram. Isso ainda terá que ser expirado, a Luz em aumento fará com que isso aconteça.

Termina uma época, na qual os seres humanos vivenciaram suas mais baixas qualidades, trazendo muito sofrimento. Muitos aprenderam com isso e estão empenhados em apresentar os verdadeiros traços humanos. E a elas que devereis demonstrar as possibilidades que também vós aproveitais para aproximar vossa existência da perfeição.

Amados alunos, desenvolvei ainda com maior intensidade vosso amor a esse trabalho. Purificai vosso caminho de todas as sombras, libertai-o para as poderosas Forças de Luz que preenchem vosso mundo, não somente quando as transmutações decorrerem, porém agora, em cada momento presente! Elas vos elevarão, renovarão vosso corpo e facilitarão vosso trabalho.

Arcanjos Jofiel e Constância

O Arcanjo Jofiel é o grande instrutor divino dos Anjos, dos homens e dos seres elementais; de todos aqueles que desejam aumentar os conhecimentos das leis sagradas de Deus e da vida. Esses conhecimentos ampliam suas faculdades habilitando-o a servir numa classe superior. O grande Arcanjo Jofiel procurou servir totalmente a Deus como instrutor divino, no coração do universo; e obteve o direito de ocupar o cargo após efetuar os estudos e preparativos necessários para servir naquela área. O Templo da Iluminação, de Jofiel, localiza-se na esfera interior e tem a cor dourada do Segundo Raio; nele diversos Seres bondosos auxiliam o Arcanjo Jofiel instruindo as legiões de anjos a expandir os poderes do Amor e da Luz, a fim de estenderem Suas bênçãos a um maior número de criaturas. Eles também instruem os homens que desejam progredir e exercer atividades na área do ensino, aqui na Terra. Essas instruções são ministradas à noite, enquanto o corpo físico está adormecido. No Templo da Iluminação, de Jofiel, também são preparados os abnegados seres elementais. Os colaboradores do Arcanjo Jofiel empenham-se em desenvolver a compreensão de todo ser inteligente, não importando o reino a que pertença, desde que necessite de ajuda.

Um dos misteres do Arcanjo Jofiel é insuflar na consciência de alunos dedicados o gosto pelo trabalho; atuando juntamente com a Sua chama gêmea, de nome Constância, ambos irradiam a Virtude Divina, perseverança, animando a atividade da Chama Crística no coração humano, até ele alcançar o auge da perfeição! Na condição de instrutores do Templo, Jofiel e Constância, enriquecem com Seus ensinamentos a consciência de todo aquele que procura auxílio e deseja refletir, com elevação, sobre os maravilhosos ideais Divinos. Do Templo de Jofiel são expedidos Raios de Luz Dourada a todos os estabelecimentos de ensino e Templos aqui na Terra. Os anjos da Iluminação transmitem essas correntes de estímulo e inspiração aos professores, clérigos, escolas e templos. Os sábios que se interessam pelos diferentes aspectos do conhecimento, sejam espirituais, sejam científicos, são também contemplados com o benefício dessas energias. Oportunamente, os homens poderão dispor, aqui na Terra, de um instrutor invisível, cujo ensinamento lhes será ministrado em forma de intuição ou sonho.

Elohim Cassiopéia e Minerva

Foram os sete Elohim que formaram da Luz primordial o planeta Terra; um lugar belíssimo e luminoso destinado a todas aquelas crianças divinas que desejassem aprender a utilizar a energia irradiada pelas consciências de Cassiopéia e Minerva. Os Elohim determinaram a forma da Terra e o número de pessoas que, no período apropriado, iria povoá-la a fim de iniciar a evolução. A Sabedoria Divina decidiu, também, o tempo que cada uma dessas pessoas deveria permanecer encarnada aqui e, depois, o espaço de tempo necessário para o respectivo descanso de sua alma; assim como o momento oportuno de encarnar outra vez, de modo a completar o seu plano divino.

Os Filhos de Deus sempre foram dotados com a verdadeira Sabedoria Divina; e muitas vezes já serviram no Raio amarelo-ouro sem conhecer os seus verdadeiros benfeitores: os poderosos Elohim Cassiopéia e Minerva, o Arcanjos Jofiel e Constância e os Irmãos mais velhos, que são denominados Instrutores dos Mantos Dourados. Pertencem a este Raio os estadistas, intelectuais, filantropos, artistas, cientistas, magistrados, educadores e também os instrutores de ocultismo, os quais serão sempre inspirados por aqueles Seres Divinos quando os objetivos que os movem na procura de conhecimento forem puros e não baseados na ambição.

O discernimento é atributo do Segundo Raio e auxilia o Filho de Deus em seu aprendizado; ajuda-o a meditar sobre a sabedoria conquistada e a aceitar ou rejeitar como verdade o que descobre em suas pesquisas.

O Bem-Amado Elohim Cassiopéia diz: "EU SOU Cassiopéia, o Elohim da atenção total. Sem este predicado a inteligência não pode captar o conhecimento, tanto aqui como depois. A atenção é o poder que abre a porta de vossa consciência. Nosso Raio confere aos homens da Terra a Sabedoria iluminada do Plano Divino e Seu Propósito. Pela atenção dirigida a esse desígnio abrem-se todos os portais. A Terra encontra-se na situação cósmica das "dores". A energia inteligente (a que chamais de Luz cósmica) na verdade são Raios de Luz dirigidos constantemente ao planeta pela consciência dos Seres Cósmicos. Um desses Raios é a Chama Dourada da Iluminação Cósmica, do coração da Hierarquia Espiritual que há éons atua constantemente em vosso orbe. Os homens começam, agora, a dirigir-se a Deus e, assim, os Raios de sua atenção retomam ao seu lar, o Céu. O Meu campo de trabalho é observar que sejam realizadas as determinações dos Deuses-Pais. O objetivo do Segundo Raio é a percepção, a atividade iluminada e a reflexão sobre o Plano Divino e os projetos de Deus. Ao vos submeterdes à vontade Divina, em primeiro lugar recebeis a ideia e a instrução quanto ao modo de aplicá-la; então, a primeira coisa é silenciar o pensamento, depois de ter encontrado a solução esperada.

No fundo, vossa atenção imprime em vossos corpos emocional e mental todos os registros dos sentidos e dos pensamentos (benéficos ou maléficos), até onde vossa vista possa alcançar, formando uma imagem pessoal. Os corpos mentais dos homens são como um emaranhado, cheios de aranhas onde, durante largo tempo, foi armazenada toda sorte de impressões humanas, muitas já cristalizadas e outras em vias de dissolução. No começo, quando recebíeis o vosso corpo mental do Coração da Criação, nele havia esferas de luzes cristalinas, das quais procediam as imagens puras, inspirações maravilhosas e formas de pensamentos de vosso próprio Santo-Ser-Crístico.

Enquanto ledes e ouvis tudo isto, faço Minha Chama flamejar através de vossa consciência, para que seja afastada a vossa antiga concepção humana.

Apelo aos Arcanjos Jofiel e Elohim / Cassiopéia e Minerva

Em nome de nosso Divino EU SOU e dos grandes Seres solares Hélios e Vesta, apelamos a vós, Amados Mestres do Manto Dourado e pedimos:

irradiai a Chama da Iluminação Divina e das Divinas Forças Solares ao Mundo do sentimento e pensamento da Terra e de todas as pessoas.

Conservai-nos ligados a esta poderosa corrente de Força, reforçai-a e selai toda a Terra na Chama Dourada da Luz eterna. Nós vos agradecemos!

Cerimonial do Raio Amarelo-Ouro

Iluminação, Sabedoria, Discernimento, Compreensão.

Pedidos: relacionado ao lado financeiro, à prosperidade, aos estudos, para aguçar a inteligência e o raciocínio. Para adquirir compreensão de uma situação ou mudança na vida. Para agir com discernimento numa tomada de decisão.

Dia correto para iniciar este ritual: Segunda-feira (fazer durante 7 dias)

Horário correto: das 9h às 15h ou das 18h às 21h.

- 1 vela Amarela num pires branco ou castiçal
- 1 incenso
- 1 jarro com rosas amarelas, girassol ou flores amarelas
- 1 copo/taça de água para fluir (para ser tomado após o término do ritual)
- 1 toalha branca para arrumar o local do seu ritual
- 1 pedra citrino ou topázio
- 1 foto do Arcanjo Jofiel ou Mestre Kuthumi, ou de um anjo
- Apelos do Raio Amarelo-Ouro
- Um papel branco com todos os seus pedidos escritos a lápis (no oitavo dia, você deverá queimá-lo e reservar as cinzas para soprá-las ao vento, de preferência na Natureza).

Prepare seu pequeno santuário. Coloque uma música suave. Acenda a vela e o incenso. Feche os olhos e serene seus pensamentos. Respire por três vezes, profunda, porém, lentamente. Chame, amorosamente, por seu anjo de Guarda e imagine um tubo de Luz Amarela brilhante o envolvendo. Faça apelos aos Senhores do Raio Amarelo, ao Arcanjo Jofiel e a todos os anjos responsáveis por nos ofertar as energias da Sabedoria de Deus, da Compreensão da vida, da Iluminação dos seus sentimentos e pensamentos e do Discernimento para escolher o melhor caminho ou decisão a tomar. Converse com o Arcanjo Jofiel e faça seu pedido pelas vias do pensamento ou leia o que está escrito no papel. Neste momento, visualize uma Luz Amarela em espiral envolvendo seu pedido, seus familiares, sua casa, sua cidade, seu país, expandindo, expandindo para todo o Planeta Terra. Mantenha esta visualização por alguns instantes. Respire novamente por três vezes e, humildemente, agradeça a Deus, ao seu Anjo guardião e a todos os responsáveis pelo Raio Amarelo, por este "momentum" de Paz, de Luz e Perfeição.

Repita mentalmente:

EU SOU a Sabedoria de Deus em ação.

EU SOU a Compreensão da Vida

Abafe a vela, reservando-a para os dias seguintes.

Tome a água lentamente. (no sétimo dia, tome a água e deixe a vela queimar até o fim).

Observação: Se a vela chorar muito e sobrar muita parafina, o anjo sente dificuldade em realizar seu pedido e pede mais orações, ou seja, se for da sua vontade, repita o ritual.

Meditação Raio Amarelo-Ouro

Os pensamentos dos alunos ainda lhe escapam muitas vezes do controle. Assim, a consciência externa predomina, com seus desejos, predisposições e pensamentos. Com estes exercícios o aluno deveria conseguir o controle e domínio dos seus pensamentos.

A maioria das pessoas está tão desacostumada que sente grandes dificuldades em concentrar-se. Só o constante e consciente exercício pode ajudar. Não vos deveríeis permitir nenhum devaneio dos pensamentos. Como podereis dominar as poderosas Forças de Luz, os elementos, se ainda não estais em condições de controlar e dirigir os vossos pensamentos.

Vede-vos sobre a base de um imenso cone de Luz Dourada, cuja ponta alcança ao longe os mundos da Luz. Preenchei-o com vossa própria Luz e observai como do seu chakra coronário, do alto de sua cabeça, poderosas vibrações se manifestam e se derramam sobre vós. Senti, conscientemente, em vossos corpos, a sua penetração.

Seu Raio Cósmico de Missão Amarelo-Ouro

Raio da Sabedoria. É a Unidade, a Cooperação, a Iluminação, para organização e articulação dos sistemas a executar.

Seu Dom: intuição, reserva e mistério.

As Palavras-chave do Raio Amarelo-Ouro são: adaptável, diplomático, compreensível, gentil, cauteloso, um seguidor. Pacificador, mutável, receptivo, obediente, fraterno, universal, filantrópico, de consciência abrangente.

A pessoa pertencente ao Raio Amarelo-Ouro está aqui para aprender a ser bom colaborador, aprender a apoiar os que lideram. Trabalhar suas habilidades para unificar as pessoas e desenvolver parcerias. Possui forte desejo de Paz e de harmonia, é atencioso, diplomático, gentil e adaptável a diversas circunstâncias. O discernimento é um ponto forte em seu caráter, por esse motivo pode ser um intermediário ajudando a levar a paz às forças oponentes. Ele sempre evita ferir os sentimentos dos outros, a ponto de submeter-se às suas vontades, e por esta razão sente- se carente de confiança e tímido.

O Raio Amarelo anseia por levar a integridade amorosa, sustentar o grupo ou situação de vida em que se encontra. Ele precisa, porém, aprender a superar a indecisão, pois, enquanto hesita, outros tomam o que deveria ser seu.

Aprenda Raio Amarelo, a ter coragem e use sua capacidade magnética para fazer o que sente que é certo, e não deixe que emoções e afeições mal dirigidas detenham seu propósito.

Sua sensibilidade pode ser positiva quando usada para sintonizar as forças de equilíbrio do Universo e para expressar sua Verdade natural de ser solidário, compassivo, desejoso de ser útil, generoso, calmo, forte e paciente em lidar com as situações cotidianas da vida. Para expressar sua lealdade, sua confiabilidade, e sua aptidão de ser amante da verdade pela consciência de Amor e fraternidade, qualidade sustentadora que ampara, por toda vida, a expressão da alma. Por isso, para maior Amor e Sabedoria, aprenda a usar sua capacidade de ver os princípios unificadores que estão além das diferenças.

Você parece tranquilo e modesto, aparenta necessitar de um ambiente de paz para viver. É exigente quanto a detalhes, gosta de ser colaborador, por seu desejo de companheirismo e harmonia, o que faz com que tolere os outros para não ficar só.

Você, Raio Amarelo, é bastante popular, ao mesmo tempo inquieto e insatisfeito com as condições que o mental impõe. Possui amor pelo conhecimento teórico, mais do que por qualquer ação prática, e tem tendência a ficar absorvido em um campo de estudo especializado. Pode ser profundamente universal na perspectiva filosófica e mero diletante com excessivo interesse.

Às vezes tem dificuldades em tomar decisão devido ao fato de ter visão dual. Em certas ocasiões mostra mau humor e palavras contundentes, apresentando certa frieza. É exageradamente enfático no aspecto da sabedoria, e na indiferença com os outros, sempre lamentando as coisas, numa perspectiva negativa da vida. Raramente está satisfeito com realizações pessoais.

Há um forte desejo de Paz em você, portanto, você apresenta-se calmo, sereno, mais envolvido com sentimento de apoio do que com grandes demonstrações de emocionalismo apaixonado. Pode tornar-se excessivamente apegado e ter fase difícil na vida para libertar-se do apego. Mas, após libertar-se será um iniciado da Paz em toda configuração de conflitos apresentados.

Aprenda a cultivar até o Amor como sendo a força curadora, aprenda a usar seu tato e diplomacia para lidar com as situações difíceis da vida e para buscar a compreensão. Sua missão como pacificador é um dom mágico para criar um mundo melhor no qual vive.

Para melhor viver nessa existência, cumprindo sua missão, busque equilíbrio por meio da Compreensão da Lei de Causa e Efeito, e verá que tudo na vida tem uma razão de ser, que nem mesmo uma folha de árvore cai sem que a vontade de Deus esteja presente, nem mesmo um fio de cabelo de nossa cabeça branqueia sem que haja o tempo de acordo. Acredite. Tudo na vida tem sua razão de ser, está tudo certo, tudo é pleno, perfeito. Busque o conhecimento para compreender o que ainda não compreende.

Aprenda a trabalhar o Raio Amarelo-Ouro não apenas na sabedoria e iluminação, mas na grande reserva de forças que ele representa para a chama da precipitação, bem como na profunda devoção à vida, qualidade esta que aos homens faz muita falta.

Os mestres da Sabedoria querem ajudar intensamente os discípulos que invoquem o seu auxílio a fim de trazer ao mundo mais bondade e certos atributos divinos. A Compreensão, a devoção e o respeito pela vida não só constituem a verdadeira iluminação como habilitam o discípulo a servir melhor. É com um Amor grandioso, desinteressado e abnegado que os grandes seres do Raio Amarelo-Ouro servem e sentem que os seus serviços são necessários ao mundo. Com certeza, a sua missão também assim é necessária, pois, a energia de Amor essencial está ancorada em você, filho do Raio Amarelo.

Sua tendência é agir sempre cautelosamente, ou seja, basear as opiniões na experiência e não seguir a impulsividade. Você acha que muitas pessoas à sua volta são ingênuas e infantis, e você se choca ao ver que as pessoas não adotam uma atitude mais reservada.

Não obstante, muita gente pode achar que você está sendo demasiadamente crítico. No fundo é necessário que você medite neste seu comportamento, pois você tende a descrer de tudo, porque tem receio de suas próprias emoções secretas, e também por sua real falta de compreensão para com a Lei de Causa e Efeito na vida.

Veja que sua busca pelo saber e conhecimento não está sendo frustrada por aquilo que o cerca e sim por você mesmo. Apesar de seus esforços de se mostrar reservado e desprendido, ainda se envolve com facilidade em projetos e com pessoas, ou seja, nos problemas que as envolvem. Ao mesmo tempo você procura se proteger contra o risco de deixar se arrebatar por tudo. Mais uma prova de falta da real compreensão para com a Lei da Ação e Reação.

Você tende a ter uma atitude decidida de não confiar em nada. Trabalhe esta tendência, Raio Amarelo, com a força deste Raio para que com o tempo possa superar a ingenuidade que existe por detrás do seu problema. Mas, uma vez conseguida a iluminação para o despertar da Compreensão, já não precisará ser tão cético em todos os sentidos de sua vida.

Portanto, até que adote uma atitude de quem procura ser exatamente o que é e quem é, com responsabilidade e compreensão, você está sujeito a cair em exageros e se tornar cínico demais. Se isto ocorrer, procure desenvolver ou devolver certa dose de espontaneidade em sua vida.

De vez em quando exprima seus sentimentos abertamente, acredite naquilo que lhe pareça razoável, mesmo que não possa ser provado. Procure dar vazão às suas emoções, aos seus sentimentos e à sua intuição reprimida.

Acredite! Você se sentirá livre para adotar um ceticismo sadio se ainda sentir que seja necessário. Procure agir com espontaneidade nos seus sentimentos sem deixar-se levar por impulsos ingênuos ou por esperanças infantis. Reserve-se o direito de pensar, mas também o de ser. Desfrute a vida, mesmo quando achar que as pessoas são tolas, adote você uma maneira de viver com elas baseada na razão, mas dê passagem para que as pessoas também possam ser espontâneas com você.

Você carrega certa imaturidade e falta de controle que estão ocultas em seu ser. Corrija isto na sua forma de movimentar-se com mais reserva, e sentir-se-á mais comedido, como deseja ser.

Sua grande riqueza interior oferece notáveis potencialidades de meditação e reflexão. Siga sua intuição, sabedoria e fé e o domínio interior e a compreensão lhe permitirão resolver os problemas.

Este Raio é chamado de Raio construtor, pois atua no veículo para expressão da forma e do impulso criativo, aspecto da Divindade, expressão da Consciência. Anseia reconciliar toda dualidade e criar síntese de polarização no âmago. Representa Força coesiva no Universo. As pessoas que carregam o Raio amarelo-ouro são pacificadoras, possuem o dom da intuição, é natural ocuparem papéis diplomáticos. Estas pessoas tendem a ser dual, forte natureza com propensão a vacilar. Seus pontos de vista relativos às pessoas que as cercam mudam com frequência, tendem a combinar bem com os outros e, quando envolvidos, sua irradiação os faz amados e admirados por suas qualidades de compaixão e sustentação. Têm propensão a ser mestres por natureza. Devem estar conscientes de que, se o aspecto Sabedoria do Raio for muito enfatizado e não equilibrado pelo Amor, há uma tendência para a intelectualidade vazia, sem propósitos amorosos. Assim, as pessoas deste Raio parecem indiferentes, egoístas e sem compaixão, cuja virtude é a própria essência da qualidade de vida deste Raio.

Lado negativo: giram em torno da sensibilidade demasiada, acentuada e mal aplicada. O magnetismo é particularidade do Raio amarelo-ouro. Assim, uma pessoa do Raio amarelo-ouro pode se tornar excessivamente sensível às necessidades dos outros, tendo a sensação de estar sobrecarregado com as dores do mundo. Têm tendência de pegar, absorver a negatividade do coletivo, e depois transformá-la, inconscientemente. Se esta transformação não ocorrer, é o primeiro passo para a depressão, a ansiedade, autoimagem deficiente, inércia, desânimo, sentimento de inutilidade. Esse aspecto polariza a pessoa do Raio amarelo-ouro com seu lago negativo. Isto é devido ao mau direcionamento do Amor pessoal do Raio amarelo-ouro. Se a virtude da Sabedoria não está sendo dirigida corretamente, pode se degenerar em desprezo por outras pessoas mais limitadas em suas capacidades mentais. Este tipo de pessoa do Raio amarelo-ouro tem que tomar muito cuidado para não se tornar tão absorvida por seus próprios pontos de vista filosóficos, e para não acabar interpretando suas opiniões e percepções pessoais como Verdades Universais. Geralmente são pessoas de corpo físico delicado, leve, com tendência para pequena estatura.

Sua vocação profissional: É o Raio dos professores, orientadores, de todos os que lidam com o ensino, com a matemática, e pessoas com profissões de cura do mental ou ligada ao serviço à vida: psicólogo, psicanalista, pedagogo, terapeuta, diplomata, secretário, comprador, escriturário, avaliador, cobrador, zelador, legislador, pastor, ministro do exterior, advogado, arquiteto, contador, matemático, bibliotecário, político e agente.

Características e efeitos do Amarelo em nosso Corpo

Físico: Calmante, analgésico, antidepressivo; alivia sinusite, enxaqueca, gripes, asma, bronquite, eczema seco, acne; antisséptico, sedativo, cicatrizante; combate tensão nervosa, nevralgias, doenças da pele, cansaço mental, estafa; desintoxica rins e baço de pessoas viciadas, estimulador do cérebro e da memória em momentos de aprendizado ou estudo.

Emocional: Remove bloqueios do passado ou presente que estão ligados a problemas de pele e nervosos, medos, confusão mental, baixa autoestima; traz a luz do sol para desembaraçar a mente e os músculos, acalma temores, ansiedade e nervosismo. Aumenta a confiança em si mesmo.

Espiritual: Acessa o conhecimento, a Sabedoria, a Iluminação, o entusiasmo, a Compreensão, a Clareza e a Construtividade.

O ser do Raio Amarelo é regido pelo Chakra Coronário.

Ele está propenso a todas as doenças relacionadas com o sistema nervoso e ósseo, reumatismo e artrite, a região da cabeça costuma ser afetada, perda de memória, problemas neurológicos, etc. Deve cuidar também do útero, ovários, intestinos.

Chakra Coronário (Alto da Cabeça)

O sétimo chakra é o da cabeça ou coroa, considerando um dos centros de vibrações mais elevados no corpo sutil. É associado com a busca interior profunda. O sétimo chakra é mais ativo quando a pessoa está ocupada na atividade espiritual, pelo significado da vida, e na busca interior de suas origens como ser conscientemente evoluído.

Enquanto o primeiro chakra está fisicamente mais perto do chão, representando as afirmações de raízes e objetivos na vida material, o sétimo chakra está fisicamente mais perto do céu, e representa o início de uma ascensão espiritual. A função deste chakra é o saber. Através dele, alcançamos a consciência cósmica, muita além das limitações de tempo e espaço. É através deste ponto que a faísca divina, veículo dessa consciência, entra em nosso corpo.

O Chakra Coronário ou "O Lótus das Mil Pétalas" está localizado no topo da cabeça, ligado à glândula pineal (epífise). Sua cor é amarelo-ouro branco e seu elemento é o Espírito Santo. Possui 960 pétalas no exterior e 12 no centro. Sua forma geométrica é representada pelo sol.

Rege o plexo nervoso: Córtex Cerebral, Glândula Pineal; o sistema fisiológico: Sistema Nervoso Central (controle central); e o sistema endócrino: Pineal ou Epífise. Comanda o cérebro superior e olho direito. Está associado à integração da personalidade com a vida, aos aspectos espirituais a humanidade e ao propósito de vida. Integra todo o ser físico, mental e espiritual. Está relacionado a todas as doenças mentais: dislexia, autismo, síndrome de Down, neuroses, estados maníaco-depressivo, esquizofrenia. Esses distúrbios comportamentais e emocionais ocorrem na desconexão do contato espiritual, o Eu Superior.

Relaciona-se com o corpo causal, nível emocional do plano espiritual. Quanto mais energética for a pessoa, mais a sua aura se expande. É a principal corrente de força que nutre o corpo físico, carregando os chakras e emitindo energia aos demais corpos, integrando-os como um todo. Sua borda deve ser forte e elástica para proteger o campo de energia humana contra energias desqualificadas ou intrusas.

Decretos do Raio Amarelo-Ouro

1º Decreto

Em nome do Mestre Kuthumi e Confúcio:
EU SOU a transmutadora Presença em atividade.
EU SOU a Perfeição em meu pensar e sentir,
no meu corpo, meu ser e meu mundo.
EU SOU a iluminação e sabedoria na obtenção
da Chama da Precipitação.

2º Decreto

Em nome de nosso Divino EU SOU e dos Grandes Seres Solares Hélios e Vesta, apelamos a vós, amado Mestre Kuthumi e pedimos: Irradiai a Chama da Iluminação Divina e das divinas Forças Solares do Mundo do sentimento e, pensamento da terra e de todas as pessoas.

Conservai-vos ligados a esta poderosa corrente de Força, reforçai-a e selai toda a Terra na Chama Dourada da Luz Eterna.

Nós vos agradecemos.

3º Decreto

EU SOU, EU SOU, EU SOU a plena opulência em minha Vida, manifestada em minhas mãos agora mesmo, oriundas do Grande Sol Central e com auxílio dos Bem Amados Irmãos dos mantos dourados. (3x) Assim Seja.

4º Decreto

Reconheço o Meu divino eu, sua Luz, Poder e Sabedoria em mim, como sendo a única Autoridade em ação na minha vida e coloco o meu eu externo nesta Divina Liderança.

★ ★ ★ TERCEIRO RAIO: ROSA ★ ★ ★

MESTRA ROWENA

Virtudes: Amor Divino, Misericórdia, Perdão e Gratidão.

Arcanjos: Samuel e Cáritas

Elohim: Orion e Angélica

Som: Trinar dos pássaros

Perfume: De rosas

Dia da Semana: Terça-feira

Cristal: Quartzo-Rosa, rubelita-rosa, turmalina-rosa, jaspe rosa e ágata

Sentido: Visão

Política: Socialismo

Plano evolutivo: Átmico

Mantra: AUM (mantra-raiz que produz o som da expansão da energia. Som da Luz e da Paz, por abranger o Espaço e o Tempo, e por esta Energia atuar na Terceira e na Quarta dimensões. É o Princípio e o Fim de todas as coisas. É cósmico, galáctico, solar e Planetário).

Alimentação: Carboidrato

Representa: Inteligência Ativa – O Senhor do Equilíbrio

Floral de Saint Germain: Rosa-rosa, para despertar o Amor, a percepção, receptividade, trazendo consciência à Unidade.

Como vimos, o Primeiro Raio representa a Vontade de Deus, o segundo, a Sabedoria e o terceiro, o Magnetismo do Amor Divino.

Estes três Raios completam a tríplice atividade da lmorredoura Chama Trina, localizada em cada coração humano, responsável em transformar o Homem num Ser Divino, capacitado a criar de modo igual a Deus.

O posto de diretor do Raio Rosa foi exercido por Mestre Paolo, o Veneziano, até novembro de 1964. Em sua última existência, no período de 1528 a 1588, Ele encarnou como o artista Paolo de Veronese.

As atividades elevadas a este Raio são muitas, destacando-se entre elas o cargo de Espírito Santo (Maha Chohan) para nossa Terra. É através do Espírito Santo que o Plano Divino se expressa no mundo físico. Quando em 1964 o referido Mestre Paolo foi elevado à categoria de Maha Chohan, assumiu em seu lugar a Mestra Ascensionada Rowena (de Vênus), Raio Gêmeo do Mestre Vitória.

Mestra Rowena é conhecida como a Mestra da delicadeza, da diplomacia e da beleza. Poder-se-ia supor que fosse idealista e amasse a vida contemplativa. Entretanto, Ela é a expressão prática no mundo da forma do dinamismo cheio de energia do Espírito Santo.

A Amada Rowena se interessa muitíssimo em estimular talentos, não só os latentes, mas os talentos que estão sendo cultivados. Dispõe-se a servir de modo igual a todos que a procuram. Ela não só estimula, mas mantém e protege os gênios, que já conseguiram alcançar o topo da escada, como também aspirantes humildes que acabam de colocar os pés no primeiro degrau em direção à meta.

Mensagem Raio Rosa

O Mundo terreno está pleno das brilhantes Forças de Paz. Estas penetram em toda vida, porém se desviam das pessoas que não pretendem viver em paz. Por isso ainda existe a inquietação no Mundo, como o vedes, e que assusta as pessoas.

Tornamos a repetir que a Paz terá que nascer em cada coração humano para se espalhar pelo Mundo. Dirigimos, na medida do possível, as Forças de Paz à atmosfera terrestre. Cada qual tem acesso a elas, pode absorvê-las, ancorá-las em si e dirigi-las ao Mundo. Essa é nossa dádiva para a Terra, no entanto, não temos influência sobre aquilo que cada qual faz com a mesma.

Certamente, aos poucos a Força torna-se maior, as Forças de Luz assumem o domínio, e a escuridão tem que desaparecer.

A Força da Paz algum dia se confirmará, atingindo toda vida com força elementar. As pessoas que ainda semeiam discórdia serão retiradas. Não podem resistir a essa poderosa Força, pois seu interior não está preparado.

Alunos da luz, essa época se aproxima e aconselhamos-vos: continuai em Paz. Aprendei a ficar acima dos aconteci mentos, a fim de serdes preparados para um inquieto tempo de transição no qual ingressará a vida terrestre, e que tudo revolverá. Tudo virá à tona. Estai preparados todas as Forças estão à vossa disposição, para resistir a esta época e agir da maneira que esperamos de nossos alunos da Luz. Sede portadores da Paz, um esteio para as pessoas ao vosso redor quando perderem a calma. Continuai firmes e em Paz. Aprendei tudo isso nas pequenas coisas de vosso cotidiano. Isso deveria ser possível e é um treinamento para coisas maiores que chegarão ao vosso mundo. Mesmo que não vos seja consciente, sentireis o que será necessário para o futuro, o que ainda tereis que aprender e que esperamos de vós.

É isto que queremos dizer-vos nestes dias de nosso trabalho conjunto – Convidamos-vos ao nosso Foco de Luz. Aqui vos espera o Amor de todos os grandes Seres, que há eras guardam as Forças da Paz e que tanto têm para dar, e sereis inundados para serdes vós mesmos um constante pilar em vosso Mundo.

Esperamos por vós e depositamos aos vossos pés tudo que guardamos e acumulamos em Forças – pretendemos guiar-vos aos elevados mundos de luz, abertos para vós, que são vossa verdadeira pátria e onde podeis penetrar, se puderdes elevar um pouco vossa consciência do pensamento cotidiano ao Mundo da Luz. Abençoamos vossa chegada e vos envolvemos em nosso Amor.

Arcanjos Samuel e Caridade

O Bem-Amado Arcanjo Samuel é o Arcanjo do Amor, da Adoração e da dedicação a Deus. Sua infinita misericórdia estende-se a toda a humanidade. Ele e Seu Complemento Divino, a Bem-Amada Caridade, oferecem-se para auxiliar o desenvolvimento da consciência da humanidade, a fim de despertar o sentimento de gratidão e adoração à sua Fonte Divina. São Eles que estimulam o homem, filho de Deus, a expandir a Chama Sagrada oculta em seu coração. O Arcanjo Samuel presta um serviço especial no Terceiro Raio, inspirando cada criatura a reconhecer, alegremente, a sua Presença "EU SOU".

O Bem-Amado Samuel é um grandioso Ser de Luz; Ele serve há éons no plano interno e instrui as legiões angélicas a elevar Suas vibrações por meio de preces, dedicação e venerações à Divindade presente em Suas próprias Chamas Sagradas. Ele ensina também, no Templo dos seres elementais, a elevar a consciência (que a todos foi concedida) através do louvor e adoração a Deus. O Arcanjo Samuel e a Bem-Amada Caridade possuem, no plano interno, um Templo precioso. A construção é circular e a cúpula é de ouro com incrustação de rubis rosados. Desse Templo irradia-se a luminosa Chama da Adoração a Deus e Seus mensageiros.

A Chama é projetada pelo Arcanjo sobre os seres não ascensionados, com a finalidade de induzi-los ao cumprimento do plano Divino; com este objetivo também atuam sobre a humanidade as legiões angélicas de Samuel.

Toda virtude produz cor e som; qualquer sentimento de gratidão que emane do coração de um indivíduo é de cor rosada; mas se tal sentimento é oriundo de uma afeição humana então possui o delicado tom do nácar. Quando os homens agradecem a Deus e aos Seres Celestiais que O adoram e servem, a emoção gera a imagem de uma torre cor-de-rosa vivo, que se eleva aos céus, retornando na forma de abundante essência rosada, que significa bênçãos.

Através da influência do Arcanjo Samuel é conquistado o Amor Divino, que origina o sentimento de gratidão nos corações dos humanos, anjos e seres elementais, desenvolvendo um profundo respeito pela vida. Ele promove ainda o reconhecimento da Primeira Grande Causa Universal e de todos os mensageiros que A servem. Esse sentimento desperta a natureza divina, adormecida no discípulo, permitindo que aflore a gratidão pelos benefícios recebidos.

O Arcanjo Samuel esquivou-se, há séculos, da consciência das massas. Por isso, elas não tinham acesso à Sua Presença. Porém, vós, discípulos da Ponte Para a Liberdade, podeis, ainda neste mundo, ligar-vos ao poderoso Arcanjo e sentir, por Seu intermédio, o grande Amor que Deus reservou à Sua criação. O Amor irrompe do coração do Arcanjo Samuel no mesmo instante em que dirigis a Ele vosso pensamento, mesmo que vos encontreis em situação que vos impeça de falar. A simples menção de Seu nome, ao solicitar auxílio, faz vosso mundo e o mundo de Samuel tornarem-se UM.

Recomendamos a todos vós recorrerem a Samuel nas horas de necessidade; vossa fé e sentimentos indicarão os apelos mais adequados para trazer ao vosso mundo a presença do Arcanjo.

Elohim Órion e Angélica

É o poder do Grande Elohim Órion, e de Seu complemento Divino Angélica, que anima o Amor Divino no Cosmo. O Amor Cósmico, de forma impessoal, está constantemente em movimento. Realmente, podem ser afastadas pelo seu poder muitas desgraças e misérias. Ele envolve na Chama Divina as causas e germes de imperfeições tornando-os inofensivos, antes que possam causar danos e perturbações à criatura humana, tanto no seu corpo como no meio ambiente. Este trabalho faz parte das atribuições dos Elohim; entretanto, ele é executado em esferas tão elevadas que a maioria dos indivíduos nem chega a percebê-lo.

Órion e Angélica têm grande interesse em estabelecer a paz, por meio do Amor Divino. Sem esse Amor puro e radioso nos corações dos homens não poderia manifestar-se a paz. Amor é, em si mesmo, uma força nobre e ativa, jamais um sentimento egoísta e sensual. Seus Raios levam o calor da compaixão aos infelizes e às vidas prisioneiras que padecem.

O Pai Celestial decretou agora que a humanidade deverá amar-se reciprocamente, pois o Amor é a força que mantém a coesão do Universo, e de tudo que nele subsiste, quer seja um indivíduo, quer se trate de um sistema planetário.

Apelo ao Arcanjo Samuel, Elohim Orion e Angélica

Em nome dos amados Maha Chohan e dos grandes Dirigentes dos quatro Elementos EU SOU o infinito Perdão por toda transgressão às Leis do Amor e Gratidão em relação às Dádivas da Natureza, Seres Elementais, Plantas e animais que algum dia serviram à Humanidade aqui na Terra.

Poderoso Divino EU SOU, chamo, em nome do Santo-Ser-Crístico de toda a humanidade, a Poderosa Chama Violeta para purificar essa energia e transformá-la em Perfeição.

Eu envio Amor, Consolo e Paz a todos os seres da Natureza, e apelo para que haja Confiança, Colaboração e Harmonia com eles, afim de que a Idade da Liberdade possa se realizar. Assim seja!

Cerimonial do Raio Rosa
Amor, Tolerância, Bondade, Perdão e Alegria

Pedidos: relacionados a assuntos amorosos, para fortificar relacionamentos afetivos e familiares, para perdoar alguém ou para ser perdoado por alguém, libertando-se de mágoas e ressentimentos.

Dia correto para iniciar este ritual: Terça-feira (fazer durante 7 dias)

Horário correto: das 9h às 15h ou das 18h às 21h

- 1 vela Rosa num pires branco ou castiçal
- 1 incenso
- 1 jarro com rosas cor-de-rosa
- 1 copo/taça de água para fluir (para ser tomado após o término do ritual)

- 1 toalha branca para arrumar o local do seu ritual.
- 1 pedra quartzo-rosa
- 1 foto do Arcanjo Samuel ou Mestra Rowena, ou de um anjo
- Apelos do Raio Rosa
- Um papel branco com todos os seus pedidos escritos a lápis (no oitavo dia, você deverá queimá-la e reservar as cinzas para soprá-las ao vento, de preferência na Natureza).

Prepare seu pequeno santuário. Coloque uma música suave. Acenda a vela e o incenso. Feche os olhos e serene seus pensamentos. Respire três vezes profundamente, porém, lentamente. Chame, amorosamente, por seu anjo de Guarda e mentalize-se dentro de um coração cor-de-rosa brilhante de luz. Envolva em seguida a(s) pessoa(s) com as quais você deseja se harmonizar. Faça apelos aos Senhores do Raio Rosa, ao Arcanjo Samuel e a todos os anjos responsáveis por nos ofertar as energias do Amor, da tolerância, da bondade, do perdão e da alegria. Converse com o Arcanjo Samuel e faça seu pedido pelas vias do pensamento ou leia o que está escrito no papel. Neste momento, visualize a Luz Rosa em espiral envolvendo seu pedido, seus familiares, sua casa, sua cidade, seu país, expandindo, expandindo para todo o Planeta Terra. Mantenha esta visualização por alguns instantes. Respire novamente por três vezes e, humildemente, agradeça a Deus, ao seu Anjo guardião e a todos os responsáveis pelo Raio Rosa, por este "momentum" de Paz, de Luz e Perfeição.

Repita mentalmente:

EU SOU o Perdão. EU SOU a Tolerância.

EU SOU o Amor de Deus em ação.

Abafe a vela, reservando-a para os dias seguintes.

Tome a água lentamente. (no sétimo dia, tome a água e deixe a vela queimar até o fim).

Observação: Se a vela chorar muito e sobrar muita parafina, o anjo sente dificuldade em realizar seu pedido e pede mais orações, ou seja, se for da sua vontade, repita o ritual.

Meditação Raio Rosa

Antes de desenvolverdes vossas Forças superiores, devereis incentivar e despertar os vossos chakras. Porém, meus alunos, isto não poderia acontecer através de exercícios, e sim por meio de vossa conduta, quer dizer, com o uso dos Raios de Luz e amoroso convívio com vossos semelhantes. São estas as condições para a vossa evolução. Quando chegar o tempo em que sereis aceitos como dignos pelas Forças Superiores, podendo então dar um passo ascendente, acontecerá um alegre despertar em um dos focos de luz e uma ascensão para o degrau acima. E desta maneira os vossos centros serão ativados. Um acontecimento destes torna o vosso crescimento perceptível, porém sempre com a única finalidade: servir melhor e com mais concentração.

Continuai com os vossos ensaios, que vos levam a uma melhor concentração e visão de vosso objetivo:

Imaginai estar em uma imensa sala, mal iluminada e desconhecida, cujos contornos não são distinguíveis.

Concentrai-vos por algum tempo em vossa luz interior, bem no centro do seu coração, que se torna cada vez mais intensa e poderosa, até que, num forte impulso, ela se liberta, iluminando todo o ambiente.

Estareis, no decorrer do tempo, aptos a reconhecer onde estais e percebereis detalhes do ambiente.

Seu Raio Cósmico de Missão Rosa

O Raio Rosa é a combinação do Raio Azul e do Raio Amarelo, por isso é reconhecido por Inteligência ativa da Divindade.

As pessoas pertencentes ao Raio Rosa nasceram para encorajar e mostrar a capacidade que todos têm dentro de si. Estas pessoas contêm as qualidades da manifestação e da autoexpressão, possuem necessidade de se comunicar e de se envolver na pura alegria de viver. São expansíveis, sociáveis, comunicativas, criativas, diversificadas.

Um filho do Raio Rosa possui a força coesiva unificadora do Amor Divino nas atividades de construção. São também radiantes e transmitem entusiasmo a todos à sua volta. Possuem magnetismo pessoal para atrair e inspirar os outros a se expandirem e a crescerem. Sua imaginação criativa permite que tudo seja possível, por esse motivo são envolvidas em muitas emoções e experiências. Possuem clareza mental, têm poder de produzir síntese no plano físico, a fusão da Vontade e Poder com Amor. Têm sabedoria para produzir as formas da vida.

Raio Rosa, você é muito consciencioso em relação ao dever e no íntimo da alma sabe que nasceu para ideais, para colocar e usar seu dom de inspiração e imaginação para benefícios à humanidade.

E você deve procurar transformar sua missão em filosofia de vida. Isso satisfará seus anseios de criar e expandir as atividades de seu interesse.

Você procura a felicidade e a encontra ao deixar os outros felizes, observe isto. Não deixe de visitar alguém deprimido ou doente, pois sua visita levar-lhe-á esperança, coragem e Amor. Sua satisfação está em ter contato com o público, por estar exercitando a expressão do Amor, a tolerância, a paciência, os quais são atributos do Terceiro Raio. Procure expandir seus ideais dedicando-se a expressão do bom humor e do otimismo, dedique-se a realizar seus sonhos. Com o tempo, efetue a estruturação das suas ideias e capacidades de atuar em atividades que propiciem o florescimento das energias do grupo. Possuirá inteligência objetiva inerente, pronta para ser empregada em todas as formas de serviço à humanidade.

Você, Raio Rosa, tem o dom da adaptabilidade, intelecto claro, fala articulada e facilidade da comunicação de ideias. Possui habilidade para negócios, para planejar com antecedência, de modo lógico, tem capacidade apurada de não preocupar a si e aos outros com assuntos insignificantes.

Exercitar o Amor é muito importante para você, tanto em dar quanto em receber. Mas procure manter a razão nas suas expansões amorosas, e será feliz sempre que desenvolver um meio de proporcionar o amor e a alegria aos outros.

Você possui a coragem, a determinação e a Força do Raio Azul, e a cautela, o discernimento do Raio Amarelo.

Procure desenvolver atividades que lhe permitam expressar com liberdade seus talentos, em especial seus talentos intelectuais, artísticos, criativos. Deve fazê-lo com uma dose de orgulho e ambição, o que quer que escolha viver.

Você precisa desse impulso para vencer sua tendência a ser excessivamente ativo e nervoso, e muito orgulhoso de suas próprias capacidades. Deve vencer sua tendência a ser egoísta, através de um sentimento de isolamento e de seu desejo de manipulação e autoridade sobre os outros, especialmente em termos do uso dos recursos de outras pessoas, de jogos mentais, e do demasiado apego ao materialismo. Haja vista que suas palavras-chaves são beleza, fecundidade, luxúria e prazer.

Você não deve limitar-se a uma rotina, sua mente é um veículo para pensamento abstrato, matemático, teórico. Tem grande habilidade de suportar longos períodos de concentração em ocupações intelectuais ou filosóficas, uma visão ampla e capacidade de comunicar um pensamento com muita clareza e ênfase.

Em um nível ainda inferior, essa é a mente do propagandista, que é capaz de manipular as energias mentais dos outros para seus próprios propósitos. Esse tipo de pessoa do Raio Rosa pode ser extremamente inteligente, mas não necessariamente centrada em sua alma. Quanto mais desenvolvido emocionalmente, tem mais amor para com a natureza e os animais do que a assuntos interpessoais do coração. A objetivação e a análise dos sentimentos são mais predominantes do que as paixões profundas. Quando perguntada sobre o que sente em relação a algo ou a alguém, a pessoa do Raio Rosa muito provavelmente começará respondendo: "Eu penso que...", e deslancha seu discurso. Por esta razão, um filho do Raio Rosa se conflita quando não se encontra afetivamente, e mesmo que se relacione com um parceiro, encontra suas dificuldades, pois sua forma de amar é de expressão ativa e inteligente. Você, Raio Rosa, também não tolera a rotina e a restrição. Um ser do Raio Rosa precisa da Liberdade de Ser.

E assim deve ser também profissionalmente – deverá trabalhar sozinho para alcançar o sucesso, pois parcerias lhe tornam o ambiente de trabalho tenso, disciplinado em demasia e o Raio

Rosa é amante da liberdade. Destaca-se na vida profissional como: comerciante, atividades nas quais possa expressar e comunicar seus conhecimentos intelectuais e sua vivacidade de espírito; tem facilidades para negócios.

O ser do Raio Rosa, fisicamente, tende a ter o corpo bem coordenado, bom nos esportes e em ginástica, tende a ser capaz de cumprir todas as tarefas dele exigidas. Tipo físico ativo, ansioso, expressa o que pensa e sente por intermédio do físico.

Procure cultivar a tolerância, a paciência, a lucidez, e o discernimento que o permitirá acessar a ação e a criação. Partilhe a devoção, seja preciso no detalhe, para que suas ideias ricas e fecundas possam ajudar o crescimento e o êxito desejados e procurados por outras pessoas.

Com amor e tolerância você, Raio Rosa, é capaz de trazer soluções eficazes a problemas de toda ordem.

Raio Rosa você está sempre achando que está sendo proibido a desenvolver sua personalidade, bem como privado das coisas que mereceria ter. Sente-se cobrado por ser o Raio do Amor, da tolerância, da paciência, da razão e dos pés no chão; ao mesmo tempo você acha que a lei e a ordem convencionais são excessivamente restritivas para as pessoas realmente dinâmicas na maneira de amar.

É até encorajadora sua forma de autoafirmação, mas verifique também que sua preocupação em auto afirmar-se pode levá-lo a extremos desmandos muitos sérios. Na realidade existe um desejo íntimo em você de abolir a ordem existente, e parte desse desejo é pelo fato de que você não consegue superar suas próprias restrições e inibições.

Você culpa o mundo formal à sua volta pela sua própria dificuldade de exprimir sentimentos fortes. É necessário um árduo trabalho com o Raio do Amor em si mesmo para que consiga, com o tempo, a perseverança contínua para superar essa antiga atitude reprimida de amar sem que seja pela obrigação da tolerância e da paciência.

E quando for superada essa dificuldade, desaparecerá a necessidade de desrespeitar ou lutar constantemente com as normas e leis vigentes.

Raio Rosa, até que adquira o hábito de portar-se de maneira mais vigorosa, é possível que você venha a transgredir certas normas ou violar certas tradições, sem necessidade. Mas você pode evitar tudo isso, procurando refletir e avaliar as situações imparcialmente.

Procure ver inclusive os motivos, a outra face que existe por detrás de cada situação ou mesmo da ordem existente. Em seguida passe a agir de modo enérgico, porém justificado. Se o seu desejo é apenas evoluir e progredir, não terá muitos problemas, mas se tentar vencer às custas dos outros e de 'desculpismos', encontrará sérias objeções no caminho.

Seja dinâmico, ame com a liberdade de seu coração, porém seja justo, não transgrida a lei, a menos que ela seja injusta ou obsoleta. Você perceberá o apoio à sua volta se forem também perceptíveis seus sentimentos e seus dinâmicos projetos.

A energia do Raio Rosa é a da Inteligência ativa da Divindade, e representa a Inteligência inerente a toda matéria. Ajuda, a saber, de fato, que "Eu sou o que Sou", é a expressão da Inteligência. A energia do Raio Rosa é de natureza sintetizadora.

Ela atua para efetuar o plano de criação, fundindo as energias dos Raios um e dois, ou seja, AZUL e AMARELO-OURO. Toda a humanidade é fortemente governada pelo Raio ROSA. É sob influência do Raio Rosa que aprendemos a criar, cometer os nossos erros e conquistar as nossas vitórias. Tornarmo-nos cocriadores conscientes com o próprio Criador. As pessoas sob o Raio Rosa tendem a ser criadores de ideias, pensadores abstratos, eruditos, matemáticos e inventores. O Raio Rosa é muito relacionado com o Raio Verde da ciência e da mente concreta, onde a energia mental é aplicada na prática.

As pessoas cujas personalidades estão em grande ressonância com o Raio Rosa, frequentemente, são hábeis em negócios, lidam sabiamente com o dinheiro, já que o veem não meramente como quantias, mas como forma representativa de energia. São capazes de planejar um futuro melhor para o seu tempo. São muito ativas.

Estes indivíduos apreciam os métodos de ensino que utilizam e apelam para a mente superior, havendo uma tendência a se preocuparem com questões filosóficas abstratas. São atraídos para a comunicação em massa, para atingir um grande número de pessoas e facilmente compartilhar informações e ideias.

O Raio Rosa, quando expresso por alguém somente por meio do ego e não apoiado pela alma, gera uma tendência para a astúcia e a manipulação da matéria. Exemplo: homem de negócios inescrupuloso.

Uma das principais dificuldades encontradas pelas pessoas do Raio Rosa é a tendência a se preocuparem com o tempo. Excessivamente preocupadas com ninharia e detalhes, refletem o medo daquela situação da vida que não planejaram ou calcularam.

Pode expressar um orgulho intelectual explícito, e em consequência disto se verem caindo em padrões de isolamento. São muito críticos, com certa tendência à distração.

Procure corrigir seus hábitos rígidos e sua coordenação motora, mova-se de maneira menos controlada e mais ágil.

Mesomórfico, muito bem coordenado, bom nos esportes e na ginástica, o corpo tende a ser capaz de cumprir todas as tarefas dele exigidas. Tipos físicos ativos que são ansiosos por seguir aquilo que pensam por meio do físico.

Sua vocação profissional é: comerciante, balconista e todas as ocupações que lidam diretamente com o público; músico, religioso, inventor, jornalista, escritor, profissional das ciências exatas, enfermeiro, físico, animador, especialista em cosmética, vendedor, advogado, juiz, engenheiro, sacerdote, diretor de área de lazer, técnico em atletismo, diretor de escoteiro, filósofo, artesão em qualquer espécie.

Características e efeitos do Rosa em nosso Corpo

Físico: Para palpitações, insônia, indigestão, cólicas, gases, dores de cabeça, sedativo para tensão, anti-inflamatório, antidepressivo, para problema no sangue ou circulatórios, problemas de sexualidade e dores no peito.

Emocional: Recupera o amor, elimina emoções negativas; neutraliza agressão, o desânimo, os distúrbios emocionais, solidão, carências, mágoas, culpas, angústia; nutrição para os momentos vulneráveis e antídoto do medo.

Espiritual: Desperta a sabedoria e a compreensão para encontrar o amor, o aconchego, a alegria, a beleza, a criatividade, a cooperação, a autoestima, a sensualidade, a harmonia consigo mesmo e com o todo, neutraliza o egoísmo, redescobre o amor próprio. Traz compaixão e Amor.

O ser do Raio Rosa é regido pelo Chakra Cardíaco. Ele está propenso a todas as doenças relacionadas ao coração e ao sistema circulatório. Deve temer todas as doenças do sangue: anemias, colesterol, diabetes, etc., e ainda todos os tipos de cânceres. Convém não abusar das suas forças. A estafa, a fadiga nervosa e o estresse podem ser pressentidos.

Chakra Cardíaco (Coração)

O ponto central do sistema de chakras é o coração.

Une as forças de baixo para cima, de dentro e de fora. Acima do coração temos os chakras transcendentais, e abaixo, os chakras da Terra. Esse chakra está diretamente ligado à nossa capacidade de expressar Amor. Começando com o amor a si mesmo e completando com o amor aos outros. Devido à sua associação com o coração e os pulmões, que ingerem e circulam oxigênio pelo corpo, o chakra cardíaco é representante do elemento ar, necessário à combustão do fogo do terceiro chakra. O ar está associado, além do amor ao conhecimento, leveza, liberdade, simplicidade e suavidade. Nesse chakra, encontramos a força que eleva, realça, ensina, e determina a coragem que temos para enfrentar nossos medos maiores. É no nível deste chakra que nos livramos do abandono e da rejeição.

O Chakra Cardíaco está situado no coração. Sua cor é o rosa e seu elemento é o Ar. Possui 12 pétalas, sua forma geométrica é hexágono. Rege o plexo nervoso: Cardíaco; o sistema fisiológico: Circulatório; e o sistema endócrino: Timo. Comanda o coração, seu ritmo, válvulas e sangue, nervo craniano vago e os sistemas circulatório, imunológico e endócrino, e é o responsável por todas as doenças neles instaladas. Todo processo de cura começa pelo coração. Ele é o elo que transforma as energias físicas dos chakras inferiores em energias espirituais, alimentando os chakras superiores. É a sede do Amor, por si mesmo e pelos outros, da amabilidade e do saber perdoar. Seu desequilíbrio gera hostilidades, vontade egoísta, sentimento de culpa e necessidade de controlar o outro. Relaciona-se com o corpo astral ou intuitivo e comanda a interação de amor com as pessoas, a natureza, o universo. Nos relacionamentos formam-se cordões a partir do coração e há a comunicação energética entre as pessoas. A aura saudável traz relacionamentos fortes, seguros e positivos e é capaz de se amar e de amar incondicionalmente. Em desequilíbrio há ausência de relacionamentos íntimos, ou estes são problemáticos e a pessoa não se ama, ou manifesta um amor egoísta e sem respeito ao espaço dos outros, abrindo espaço para a raiva, o ódio, a inveja e o ciúmes.

Decretos do Raio Rosa

1º Decreto

Em nome de nossa Poderosa Presença EU SOU
e das amadas Mestras Rowena e Nada, Arcanjo Samuel e elohim Órion,
apelamos pela chama Rosa do amor Divino e pedimos:

Flamejai a abençoada e harmoniosa irradiação do Puro Amor divino
contido em cada vida que nos cerca e envolvei toda Terra e toda
humanidade nesta irradiação, até que todas as pessoas
possam ser um Irradiante foco de Luz desta Virtude Divina.

* EU SOU O Poder do Puro Amor divino que dirige
tudo que acontece na Terra a sua Perfeição. (3x).
Assim Seja.

2º Decreto

Grande Divina Presença da Vida, do Amor, Sabedoria e Poder.
Jorrai a essência Divina do Amor no Mundo e Aura
de cada corrente de vida sobre a Terra, iluminai toda a humanidade,
permiti que ela sinta o amor divino e a Bem Aventurança e demonstrai
que sois a Vida em tudo o que existe.
Assim seja.

3º Decreto

Em nome da Minha toda Poderosa Presença EU SOU,
O Amor de meu coração preenche o meu mundo
e a Luz em mim irradia-se para abençoar toda a vida;
que todas as forças que eu acumulei sirvam ao bem no Mundo.
Assim Seja.

4º Decreto

O Meu Plano Divino é a Perfeição,
determinado pela minha corrente de vida.

EU SOU o Caminho que me dirige a ele.
EU SOU o Puro Amor divino que me orienta,
permitindo que este plano possa manifestar-se.

★ ★ ★ QUARTO RAIO: BRANCO ★ ★ ★

MESTRE SERAPHIS BEY

Virtudes: Pureza, Dedicação, Pureza do Modelo Divino, Iniciações, Ressurreição e Ascensão

Arcanjos: Gabriel e Esperança

Elohim: Claire e Astrea

Som: Águas em cascata ou ondas do mar

Perfume: De flores brancas, jasmim, lírio

Dia da Semana: quarta-feira

Cristal: Diamante, brilhante, cristal branco

Sentido: Olfato

Política: Unidade

Estado Plano evolutivo: Búdico

Reino: Humano

Mantra: AUM (mantra-raiz que produz o som da expansão da energia. Som da Luz e da Paz, por abranger o Espaço e o Tempo, e por esta Energia atuar na Terceira e na Quarta dimensões. É o Princípio e o Fim de todas as coisas. É cósmico, galáctico, solar e Planetário).

Alimentação: nabo, arroz, couve-flor, etc.

Representa: a Pureza, Harmonia através do conflito – O Grande Intermediário

Floral de Saint Germain: Patiens, conferindo flexibilidade, paciência, tolerância, trabalhando a pureza e trazendo claridade e beleza.

Missão deste Mestre: Manter a Pureza do Plano Imaculado. Ajudar a humanidade a readquirir e conservar as virtudes de purificar, harmonizar e despertar a aspiração, a ascensão e manifestação de sua Presença EU SOU.

O Amado Seraphis Bey é um Espírito Guardião que está prestando assistência a Terra. Era um sacerdote do Templo da Ascensão da Atlântida. Pouco antes da submersão de Poseidon, Ele partiu num navio, juntamente com 39 outros voluntários, e transferiu a Chama da Ascensão para Luxor. Lá, Mestre Seraphis Bey construiu um templo para a Chama e tem sido seu principal guardião desde então.

Alguns irmãos de confiança substituíram Mestre Seraphis Bey enquanto Ele permanecia em níveis sutis entre encarnações, ou quando Ele estava encarnado em outros países. A maioria das encarnações do Mestre Seraphis Bey, aconteceram no Egito. Como Pnídias, um arquiteto e escultor ateniense, Ele desenhou Pathernon e supervisionou sua construção. Ele também encarnou como Akhenaton IV, Ver. Leônidas da Espanha e Amenóphis III. Nesta última encarnação, construiu os Templos de Tebas e Karnak.

A data de sua Ascensão é situada por volta de 400 AC.

O Amado Seraphis Bey é agora o Chohan do Quarto Raio. Ele dirige a irmandade em Luxor e trabalha com os Serafins. O Quarto Raio, dirigido por Ele, é o plano onde permanece o Santo Ser Crístico até que o homem seja capaz da Perfeição e a manifestação do Plano Divino no mundo da forma.

Por meio deste Raio o Elohim da Pureza expressa a sua virtude. É ele que mantém o Plano Imaculado de Evolução da Terra e do Ser Humano.

O Santuário de Luxor é conhecido no Mundo Espiritual como sendo o último estágio daqueles que conseguiram o total domínio dos seus corpos inferiores. Atravessar o portão de Luxor e entrar na eterna Liberdade é o objetivo de cada ser humano. A força motora para tanto se encontra ancorada em cada corrente de vida.

Mensagem do Raio Branco

Dirigi Amor e Paz a todos os acontecimentos

O mal, tão assíduo em vosso Mundo, não deveria pesar sobre vossos corações, amados alunos. Não o deixei penetrarem vossa consciência, porém ativai as poderosas Forças do Fogo Sagrado, tudo que é necessário para mitigar esse mal. Tendes os meios nas mãos, sabeis usar as Forças das Chamas, usai-as, pois, em toda parte onde houver sofrimento. O processo da Transmutação da Terra já começou há muito, e toda inquietação existente na Terra é a consequência disso. As pessoas encarnadas em grande número trouxeram todos seus carmas, para libertarem-se dos mesmos na medida do possível. Esse é mais um motivo para o acúmulo dos acontecimentos em vosso Mundo.

Todas as pessoas ainda pouco evoluídas não suportarão esse tempo de mudanças. Receberão novas salas de aula, com a vibração que lhes corresponde. Sabeis de tudo isto, entretanto verificamos que os Alunos se impressionam com toda a miséria que acontece.

As Forças da Luz são mais fortes do que todo o mal. Também sabeis, portanto deveis aplicá-las, sem permitir que os acontecimentos negativos vos atinjam. No momento em que movimentais as Forças da Luz, também vossa vibração será elevada e não estareis mais sujeitos às vibrações negativas. A todo mal devereis contrapor a Luz, e desta maneira mudareis as situações e os maus acontecimentos.

Aprendei a olhar o Mundo com Nossos olhos. Também Nós olhamos cheios de Amor para todas as pessoas que sofrem. O Amor Nos eleva sobre todos os acontecimentos negativos. Devereis fazer o mesmo, pois então continuareis em vosso próprio centro, na Paz de vós mesmos. Assim gostaríamos de ver Nossos Alunos, e desta maneira deveriam reagir a tudo que acontece.

Irradiai o Amor de vossos corações a todas as pessoas que perderam sua pátria, que sofrem com os acontecimentos, e irradiai a Paz a toda inquietação do Mundo. Estes são os melhores meios que podemos oferecer para manter elevadas a Paz e a Luz, e para vós mesmos continuardes em Paz.

Arcanjos Gabriel e Esperança

O Quarto Raio é o traço de união da consciência externa do não ascensionado com o seu Deus. Qualquer dia, os solitários que trilham os caminhos da vida procurarão essa união, apesar da religião que professem e que é alvo de sua veneração.

Uma particularidade deste Raio é edificar uma ponte entre o abismo do intelecto humano e o poder superior da Mente Divina, inerente a todo ser. No Quarto Raio serve o magnífico Arcanjo Gabriel, o "portador das boas novas".

Os ensinamentos religiosos dizem que o homem foi criado à imagem de Deus. Entretanto, se olharmos para trás, devemos reconhecer que o homem se afastou muito de sua origem Divina. O Arcanjo Gabriel conserva a concepção original da perfeição – o Plano imaculado da humanidade – e está pronto a dar o Seu auxílio a todos que O procurem. Muitos Seres Divinos oferecem ao homem Sua assistência, se para isso forem invocados. A Chama Gêmea de Gabriel, que conheceis como Esperança, é exatamente o que Seu nome significa. Ela transmite aos corações humanos a esperança e o entusiasmo por uma próxima melhora; e Suas irradiações são potentes, elevadas, alegres e inspiradoras. Da mesma forma que o calor irradiado por um aquecedor proporciona conforto ao vosso lar, as vibrações do pensamento, sentimento, palavras e atitudes de uma inteligência – Divina ou humana – influem em vossa atmosfera. Não se trata de misticismo, mas de um fato científico. A proximidade de um aquecedor produz a sensação de calor; a proximidade de um Mensageiro Divino eleva a consciência e o mundo dos circunstantes, que absorvem e são supridos de bênçãos, virtudes e dons espirituais da Presença "EU SOU" daqueles Seres.

Elohim Claire e Astrea

O Grande Ser que conheceis como Astrea é o complemento divino do Bem-Amado Elohim Claire. Seu trabalho consiste em dissolver e transformar a energia maléfica existente na atmosfera da Terra envolvendo as pessoas, locais e objetos; e também no plano astral, onde se alojam os germes da impureza e da maldade.

A Bem-Amada Astrea, com Seu Círculo e Espada de Chama Azul, promove logo a completa dissolução das criações humanas causadoras das discórdias e impurezas.

Quando Astrea e as Legiões Ascensionadas removerem esses germes que permanecem na Terra, todos os povos de coração puro serão bem-vindos ao Elohim da Pureza, e utilizarão Sua Chama contra qualquer indício de imperfeição e ambição terrenas.

Existem homens que estão convencidos de que perderão algo se cultivarem a pureza. Na realidade, se o fizessem, ganhariam muito, como por exemplo: paz, consolo, curas, suprimento, felicidade e tudo de bom e perfeito que desejassem. A perfeição não poderá manifestar-se enquanto houver impurezas (saliento que até uma palavra que não seja amável representa uma impureza). Nem o Sol pode brilhar através de uma vidraça suja.

A magnitude do serviço da Bem-Amada Astrea pode ser avaliada quando verificardes queEla, diariamente, em resposta aos vossos apelos, encerra-vos e ao vosso mundo em Seu Círculo e Espada da Chama Azul, protegendo-vos contra vossas próprias criações destrutivas, transformando tudo em pureza e perfeição. Considerai que o plano físico se eleva até cerca de três mil metros acima da superfície da Terra; e somente mantendo a atenção na Luz de vossa Divina Presença "EU SOU" e nas Ascensionadas Legiões de Luz será possível viverdes aqui relativamente imunes à essas criações.

Apelo ao Arcanjo Gabriel, Elohim Claire e Astrea

Eu vos amo, abençoo e agradeço vossa poderosa ação, ajudando a mim, à humanidade e a toda a Terra. Envolvei-me e a todas as pessoas e também a Terra, na Poderosa Chama Branca de Vossa Luz, que afasta as correntes de Forças negativas que diminuiriam a nossa vibração. Apelo à Pureza em cada elétron de toda Vida na Terra. Que a Pureza possa estender-se e todas as limitações e sombras desaparecerão. EU SOU a Ressurreição e a Vida, da perfeita Saúde e Pureza em cada célula do meu corpo, e da Pureza do meu Mundo. (repetir por 3 vezes). Assim seja!

Cerimonial do Raio Branco

Pureza de Sentimentos e Pensamentos, Equilíbrio, Harmonia, Renascimento e Ressurreição Espiritual.

Pedidos: relacionados a desentendimentos, discussões e brigas no lar ou ambiente de trabalho, devolver a harmonia, desfazer mal-estar em geral. Quando sentir necessidade de renascer após enfrentar um período muito difícil.

Dia correto para iniciar este ritual: Quarta-feira (fazer durante 7 dias).

Horário correto: das 9h às 15h ou das 18h às 21h.

- 1 vela Branca num pires branco ou castiçal.
- 1 incenso.
- 1 jarro com rosas brancas ou flores brancas.
- 1 copo/taça de água para fluir (para ser tomado após o término do ritual).
- 1 toalha branca para arrumar o local do seu ritual.
- 1 cristal branco.
- 1 foto do Arcanjo Gabriel ou do Mestre Seraphis Bey, ou de um anjo.
- Apelos do Raio Branco.
- Um papel branco com todos os seus pedidos escritos a lápis (no oitavo dia, você deverá queimá-la e reservar as cinzas para soprá-las ao vento, de preferência na Natureza).

Prepare seu pequeno santuário. Coloque uma música suave. Acenda a vela e o incenso. Feche os olhos e serene seus pensamentos. Respire, três vezes profundamente, porém, lentamente. Chame, amorosamente, por seu anjo de Guarda e mentalize-se dentro de uma pirâmide de cristal brilhante, ofuscante de Luz. Faça apelos aos Senhores do Raio Branco, ao Arcanjo Gabriel e a todos os anjos responsáveis por nos ofertar as energias da Pureza de coração e mente, do otimismo, do desenvolvimento espiritual, da harmonia, e do equilíbrio. Converse com o Arcanjo Gabriel e faça seu pedido pelas vias do pensamento ou leia o que está escrito no papel. Neste momento, visualize a Luz Branca em espiral envolvendo seu pedido, seus familiares, sua casa, sua cidade, seu país, expandindo, expandindo para todo o Planeta Terra. Mantenha esta visualização por alguns instantes. Respire novamente por três vezes e, humildemente, agradeça a Deus, ao seu Anjo guardião e a todos os responsáveis pelo Raio Branco, por este "momentum" de Paz, de Luz e Perfeição.

Repita mentalmente:

EU SOU a Ressurreição e a Vida (3 vezes).

Abafe a vela, reservando-a para os dias seguintes.

Tome a água lentamente. (no sétimo dia, tome a água e deixe a vela queimar até o fim).

Observação: Se a vela chorar muito e sobrar muita parafina, o anjo sente dificuldade em realizar seu pedido e pede mais orações. Ou seja, se for da sua vontade, repita o ritual.

Meditação Raio Branco

É a primeira vez que o aluno está sendo testado seriamente. Tereis que aprender a não permitir que os vossos pensamentos se afastem do objetivo. Durante algum tempo, e sem interrupção, tereis que dirigir o vosso pensamento sobre um determinado objeto. Não desistais quando outros pensamentos se apresentarem, insisti com veemência, fazei o que o exercício exige. Vossos pensamentos vos precisam obedecer.

Vede em vossa imaginação uma estrela no firmamento de uma noite escura. Pode ser uma determinada estrela com a qual tenhais uma ligação, ou somente uma das milhares de estrelas, tanto faz. Procurai agora atrair a sua Luz, e identificar-vos completamente com esta estrela. Transformai-vos nesta estrela irradiante e luminosa, e senti-vos abrigados na sua Luz irradiante.

Firmai esta imaginação por algum tempo, que deveis prolongar cada vez mais um pouco, deixando de lado tudo o que não for a estrela. Praticai conscienciosamente, até conseguirdes manter a atenção sem interrupção. Provai a vós mesmos que sois capazes de manter vossos pensamentos sob controle.

Seu Raio Cósmico de Missão Branco

O Raio Branco é a Estabilidade, a Esperança. É a Pureza de mente e corpo. É a manutenção da Pureza das diversas partes correspondentes às atividades e sustentação do Plano Imaculado.

Os filhos do Raio Branco nasceram para atuar com a certeza, a honestidade, o rigor, a verdade, a pureza e com a clareza no pensar e sentir.

Você, filho do Raio Branco, possui grande senso de equilíbrio, sincretiza a praticabilidade, a construção, a persistência, a forma, o trabalho, a disciplina, a energia e a competência. É o Raio daquele que cura através da harmonização e do equilíbrio das energias do corpo e das polaridades.

Raio Branco, você é o Artista Divino, aquele que procura elevar a consciência humana através da realização da beleza e da harmonia, existentes na Natureza e no Mundo das formas. É o mediador entre o céu e a terra, Deus e o Homem, tendo como missão construir uma base sólida sobre o fundamento da vida, especialmente quando usa a natureza, a imaginação e a criatividade na formação de estilo de vida.

Você, Raio Branco, tem o hábito de manter a luta e o conflito até que os objetivos desejados sejam alcançados. Isso requer de um filho do Raio Branco um sistema bem organizado e uma conduta moral elevada. Haja vista que sua missão consiste justamente em lapidar o lado impuro de sua personalidade, buscando viver com respeito e dignidade. O Sucesso no cumprimento de sua existência virá pela dedicação, ao optar por tudo que seja puro e honesto, principalmente para obter resultados seguros e concretos. Jamais deverá esquecer de atuar com paciência e perseverança, procurando ver a realidade da vida, utilizando-se do raciocínio de maneira sadia e prática.

É necessário, Raio Branco, que você aprenda a se centrar mais, a não levar a vida de forma que "'tanto faz como tanto fez", e muitas vezes com pessimismo e negativismo exagerado e impureza de pensamento e sentimento.

Por causa desta sua tendência, perceberá a sua volta pessoas com tais dificuldades, ou seja, pessoas negativas, pessimistas e impuras; justamente para que você exercite o pensamento e o sentimento positivo, seus talentos, seu lado luz e puro, que afinal é seu ponto mais forte, se divinamente trabalhado.

Cabe conscientizar a você, Raio Branco, que se você souber aliar sua autoridade com a vontade com seu lado prático, que pela sua própria natureza permeia todo seu ser, as probabilidades de concretizações dos seus projetos são asseguradas, graças a esse autodomínio e a uma força de caráter sem falhas.

Suas ambições poderão ser satisfeitas e a expansão enriquecedora é benéfica, garantindo seu futuro assentado em bases sérias. Você tem forte capacidade de concretizar a realização passando pela ação, materializando o fato. Lembre-se de que sua lealdade, seu equilíbrio e sua confiança são muito importantes para as pessoas que o cercam. Raio Branco, você tende a ser indolente, comodista, inquieto e até mesmo a ser excessivamente impetuoso, e pode iniciar conflitos desnecessariamente. Esteja também atento à sua forte tendência para a depressão quando as metas não podem ser atingidas.

Cabe esclarecê-lo de que este Raio é uma fusão dos Sete Raios, porém quando as energias do Raio Azul e Amarelo não estão em equilíbrio, há uma consequente falta de direcionamento para a expressão da vontade.

Procure cultivar, também, a serenidade, o equilíbrio emocional, a confiança, o autocontrole, a verdade e a clareza em seus propósitos com o auxílio amoroso dos Raios Azul e Amarelo. Assim a falta de disciplina, a preguiça, a desordem ou tudo aquilo que seja contrário à Luz do Raio Branco se dissipará, com o Poder da Vontade Divina do Raio Azul e com a Luz da Sabedoria do Raio Amarelo.

Sua existência, Raio Branco, é para ser de altas construções e realizações, ou seja, é o caminho rumo a estabilidade de trabalhar de modo honesto e eficiente, plantando seus talentos reais da alma em solo fértil. Abençoe com sua própria Luz o trabalho de suas mãos, e sobre os pensamentos coloque a benção do coração.

O lado material da vida interfere em seu espírito, tornando-o indomável, sem abertura, e assim, muitas vezes você impera com excessivo orgulho e poder. Use de seu agudo senso de valor para saber exatamente aquilo que vale a pena esperar para ser ou para ter. Raio Branco, você tende a ter forte necessidade de eliminar tensões e evitar esforços extremos. Você anseia por esquecer atritos do passado e ressentimentos.

Procure encontrar harmonia através do conflito, pois existe um perigo no seu íntimo de tornar-se complacente demais, por causa de sua ânsia de paz, de sua busca para aceitar os fatos em seu ambiente. Acredite, a maior tensão está dentro de você mesmo.

No fundo, algumas de suas atitudes são bastante dominadoras. Você deseja lutar pelos seus direitos de vencer, mas até que consiga harmonizar seu desejo superficial de relaxar com seu desejo oculto de luta, não pode esperar que a paz e a pureza reinem à sua volta, porque simplesmente você não está em paz.

Portanto, Raio Branco, terá que aprender como fazer a manutenção da pureza das diversas partes correspondentes às atividades e sustentação do Plano Imaculado, e, assim sendo, com dedicação, pureza de mente e corpo, conseguirá eliminar essas tensões internas. Na medida em que as for eliminando, sua preocupação e esforços em relaxar irão passar, pois você já estará relaxado e em Paz terá aprendido, então, o caminho da harmonia mesmo no meio de tantos conflitos.

Raio Branco, caso perceba que está exagerando em seu objetivo e busca pela harmonia, e que isto o está tornando mais complacente e submisso, procure equilibrar esta tendência com certa dose de força de caráter.

Faça as coisas difíceis de modo que, ao mesmo tempo, satisfaça seu desejo de conquista. Procure solucionar as questões de seus conflitos e de seu ambiente com rapidez e determinação, para que possa haver alívio completo e imediato.

Se você perceber que as tensões menores e mais insistentes o frustram mais do que os problemas que as originaram, procure se afastar das rotinas da vida.

Mas não se esqueça de seus objetivos, atenda às necessidades da vida com compreensão e ponderação. Aja com calma, sem tornar-se ineficaz. Relaxe, mas esteja pronto a enfrentar as emergências imprevistas. Aprenda a ser ativo sem tornar-se tenso. Creiam, suas preocupações desaparecerão assim que você adotar um plano claramente estabelecido.

E no seu relacionamento com as pessoas, principalmente os que pareçam mesquinhas e voltadas unicamente para a competição, procurem estabelecer um objetivo que seja positivo e sereno, para que ninguém precise usar de imposição contra ninguém.

Raio Branco, você é especialmente ligado a humanidade, a luta entre a vida instintiva, animal do terceiro reino e a vida consciente da alma. É o Raio que funciona como um agente de equilíbrio, é o Raio da "arte de viver".

Por sua conexão com o quarto plano de buddhi, ou Intuição, permite que a espécie humana evolua para um lugar onde o intelecto seja transcendido por uma sintonia com a compreensão da vida muito mais profunda. A paixão da crucificação de Jesus é o drama cósmico do Raio Branco. Ele é a transformação do Eu inferior em Eu superior.

Como Raio da beleza e da arte, também é o refinador.

O verdadeiro artista está sempre lutando para apresentar através da pintura, escultura, música, cinema e literatura, um esclarecimento de uma ideia ou sentimento que possa expressar adequadamente suas aspirações internas ou impulsos de vida.

O Raio Branco é o Raio da luta, e você que está ligado a ele encontrará uma dualidade muito particular surgindo em sua vida. Atividade e inércia são de proporções divididas entre o amor e o conforto de agir afetivamente.

Você, Raio Branco, é possuidor de grandes dons, porém pode achar difícil focar e exteriorizar seus talentos, pelo seu aspecto de inércia, que é característica deste Raio.

Coragem e visão firme você deve ter para sobrepor a inércia e ser dinamicamente criativo. Fisicamente tem tendência a ter corpo equilibrado e bem proporcional. Gosta de se enfeitar, já que a necessidade de expressar beleza física é muito grande. Segue o Princípio da Beleza e da Arte. Tente movimentar-se de maneira mais harmoniosa.

Sua vocação profissional é: Artista em todos os níveis onde puder expressar a beleza e a mensagem de sua alma, dentre eles: músico, pintor, cantor, ator, dançarino, bailarino, estilista, maquiador, cabeleireiro, manicura, pedicura, desenhista, etc. Pode atuar em todos os ramos de construção: engenheiro, arquiteto, pedreiro, empreiteiro. Pode ainda ser numerólogo, fazendeiro, mineiro, industrial, contador, mecânico, boxeador profissional, químico e técnico de laboratório.

Características e efeitos do Branco em nosso Corpo

Físico: Para dores de dente, purifica e cicatriza herpes, alivia febre de feno, picadas de insetos, alergias, rejuvenescedor, afrodisíaco, revitaliza os chakras e clarifica os meridianos.

Emocional: Para ansiedade, situações de choques, insônia, antidepressivo, distúrbios sexuais, raiva, ódio, medo, inquietação, dependências emocionais, reações violentas e emotividade exagerada.

Espiritual: Renova energias, traz clareza de ideias, harmoniza, protege e limpa, traz equilíbrio perfeito. Auxilia a despertar a Consciência Infinita, a Integridade, Verdade, Transmutação e Criatividade.

O Raio Branco não é um Raio de igual sentido dos demais. Ele é uma síntese de todos os sete Raios – um amálgama perfeito do espectro, que reproduz a luz branca original. O Branco tem o atributo de elevar e dinamizar qualquer Raio isolado de Cor, e transmutá-lo até elevá-la ao clímax de suas potencialidades características.

O ser do Raio Branco é regido pelo chakra básico. Deve cuidar das articulações, é propenso a tensão arterial, problemas de estômago e obesidade.

Chakra Raiz ou Básico (Base da Coluna Vertebral- cóccix)

O primeiro chakra é o alicerce sobre o qual os demais chakras do nosso corpo se apoiam. Consciência ligada à sobrevivência. É nossa resposta de luta ou fuga; nossos instintos, nossa matéria, nossa vida financeira. É a capacidade de focalizar e manifestar nossas necessidades. É a estabilidade para iniciarmos a ascensão. É terra o elemento desse primeiro chakra. É a expressão de nossa individualidade. É através da abertura dessa consciência que podemos vivenciar a união com o Cosmo. Relaciona-se com o corpo etérico e suas funções são: as atividades físicas e as necessidades básicas de sobrevivência: paladar, olfato, audição, visão, tato, sexo, sono e fome. Focaliza-nos no aqui e agora.

O Chakra Básico está localizado na base da coluna, ligado às glândulas suprarrenais. Possui quatro pétalas, sua forma geométrica é o quadrado. Rege o plexo nervoso: Sacro Coccígeo; o sistema fisiológico: Reprodutivo; e o sistema endócrino: Suprarrenais. Comanda o aspecto físico do mundo concreto mantendo a pessoa na Terra. Fornece energia física e vontade de viver, e também vitaliza os demais chakras. É importante no tratamento da coluna e está associado a sentimento de insegurança, agressão, sobrevivência e materialismo.

Decretos do Raio Branco

1º Decreto

Em nome da Presença Divina EU SOU, apelamos a Vós,
grande Mestre Ascensionado SERAPHIS BEY:

Permiti que Vossa Chama Cósmica da Pureza penetre em
nossos corpos para que com nossa transformação sejamos
aptos a ajudar na renovação e transformação da Terra.

EU SOU o EU SOU neste apelo, eu o realizo e o mantenho.

2º Decreto

Através do Poder do Fogo Sagrado em nossos corações,
apelamos por Vós, grandes Amigos da Luz, Mestre SERAPHIS BEY,
amada ASTRÉA e ELOHIM CLAIRE:

Lançai a Divina Chama Cósmica da Pureza Crística,
através de nossos quatro corpos inferiores e nossa aura.

Ampliai, por meio da Força de Vossa Luz, a Pureza em cada célula,
até que desapareçam todas as sombras de manifestações humanas.

Divino Ser Crístico, reforçai a Luz do Cristo Cósmico em nós e em toda
humanidade, até que a Presença Divina esteja realizada para sempre.

EU SOU a Poderosa Força Divina em ação, agora e para sempre!

3º Decreto

*Em nome da Presença Divina EU SOU, nós nos curvamos e
reverenciamos a Chama Trina da Vida em cada coração humano e
suplicamos às Forças Cósmicas da Chama da Ascensão e a Vós,
amado Mestre Seraphis Bey, para acelerar a Vibração
do purificado Amor Divino em cada coração humano.*
Assim seja!

4º Decreto

Amado ELOHIM CLAIRE

*Eu Vos amo, abençoo e agradeço vossa poderosa ação,
ajudando a mim, à humanidade e a toda a Terra.*

*Envolvei-me e a todas as pessoas e também à Terra,
na Poderosa Chama Branca de Vossa Luz,
que afasta as correntes de forças negativas
que diminuiriam a nossa vibração.*

*Apelo à Pureza em cada Elétron de toda Vida na Terra.
Que a Pureza possa entender-se e todas
as limitações e sombras desaparecerão.*

*EU SOU a Ressurreição e a Vida da perfeita saúde
e pureza em cada célula do meu corpo
e da pureza do meu Mundo. (3x)*

Assim seja!

★ ★ ★ QUINTO RAIO: VERDE ★ ★ ★

MESTRE HILARION

Virtudes: Verdade, Cura, Concentração, Harmonia e Abundância

Arcanjos: Rafael e Regina

Elohim: Vista e Crystal

Som: Ar, vento, ciclone

Perfume: Incenso e mirra

Dia da Semana: Quinta-feira

Cristal: Jade, esmeralda, fluorita verde, quartzo verde

Sentido: Intelecto

Política: Oligarquias

Plano evolutivo: Mental

Reino: Humanidade

Mantra: AUM (mantra-raiz que produz o som da expansão da energia. Som da Luz e da Paz, por abranger o Espaço e o Tempo e por esta Energia atuar na Terceira e na Quarta dimensões. É o Princípio e o Fim de todas as coisas. É cósmico, galáctico, solar e Planetário).

Alimentação: Vitaminas, Verduras, hortaliças de cor verde Representa: A Verdade, O Conhecimento concreto: O Custódio do segredo

Floral de Saint Germain: Capim Seda. Torna o opaco brilhante, trabalhando o lapidar, nas emoções, a energia se torna forte para o despertar da confiança e da verdade.

Missão deste Mestre: levar a Verdade.

Em épocas remotas, antes do continente Atlântida submergir totalmente nas águas do atual Oceano Atlântico, muitos sacerdotes e sacerdotisas da Ordem Branca foram incumbidos da tarefa de levar para outros países os elevados ensinamentos da Sabedoria Divina. Um desses conhecimentos resguardados foi a Verdade. O Mestre Hilarion, naquela época, ainda não era ascensionado, mas encontrava-se no grupo de iniciados, ao qual foi confiada a Chama da Verdade. O Grupo escolhido navegou em direção a este local onde se encontram a península e as ilhas gregas. Em festiva cerimônia, com respeitosa e profunda devoção, desembarcou na atual Ilha de Creta, naquele tempo ainda unida ao continente.

O fogo sagrado é constantemente irradiado daquele foco para a Terra, insuflando e expandindo a Verdade nos pensamentos e sentimentos das criaturas.

O Amado Guardião desta Chama, Mestre Hilarion, na época da Missão do Mestre Jesus, foi o apóstolo Paulo de Tarso. Em sua encarnação como Paulo, veio aprender dolorosamente o mal que uma pessoa pode causar a outra quando tomado por indignação, embora convencida de estar procedendo com justiça, baseada apenas em testemunhos e argumentos que podem ser falsos. Por este motivo ele jurou, após a sua Ascensão, proteger toda pessoa que é vítima de falso julgamento. Como sabeis, Paulo de Tarso perseguiu os antigos cristãos e, mais tarde, converteu-se ao Cristianismo e santificou-se, sendo conhecido como São Paulo. Todas as emanações de vida materialista que não acreditam em vida espiritual, os agnósticos, os céticos, devem ser recomendados à sua Proteção, pois com a Sua Ajuda poderão alcançar a exata compreensão da Verdade.

Mensagem Raio Verde
Aproveitai o Tempo

A "Luz Universal", a substância de Luz cósmica, da qual é feito tudo que existe, chega à vossa vida em vibração cada vez mais sutil e elevada, quanto mais vos esforçardes para vos tornardes receptivos.

Algum dia, entretanto, chegará para toda a Terra a hora em que começará a inundação da Luz, tornando-se rapidamente mais forte. Estas são nossas indicações, os preparativos de muitos anos, e para isso servem todos os ensinamentos transmitidos aos alunos. Ainda não tendes ideia das modificações que isso trará consigo, entretanto, tudo que existiu até agora terá uma nova fisionomia.

A mudança não será agradável para todas as pessoas, porque tudo o que é baseado em logro e mentiras será varrido da Terra. Somente terá êxito aquilo que for autêntico e verdadeiro e servir ao bem. Afastai de vossa vida, também vós, tudo o que deveria temer a Luz. Trazei Paz às vossas relações com vossos próximos e olhai para vosso interior. Examinai se tudo poderá resistir à Luz em aumento. Não é em vão que vos indicamos as futuras transformações, pois gostaríamos de ver nossos alunos em pura Luz, para que não precisem esconder-se.

Trabalhai nisso. As Forças de Luz revelarão o que deixastes de fazer até agora. Aproveitai o tempo ainda disponível.

Arcanjos Rafael e Regina

O maravilhoso Ser que conheceis por Arcanjo Rafael dedicou uma parte de Sua vida ao serviço de curas, nos gloriosos Templos de Luz dos planos mais elevados da Perfeição Divina, onde Ele vive. Seus Raios salutares não somente são dirigidos às criaturas do mundo visível, como também a qualquer vida necessitada dos planos psíquicos que envolvem a Terra. O Arcanjo Rafael extrai a sagrada essência de nossos Deuses-Pais Hélios e Vesta, Criadores do nosso planeta. A palavra "Heilen" ('curar', em alemão) é derivada do nome de Hélios (Sol). Pelos atos de adoração e dedicação à Fonte

Divina, feitos com ritmo, os Seres angélicos recebem as energias que desejam irradiar sobre outros segmentos da vida, a fim de restabelecer sua perfeição. E o processo é o mesmo que se emprega ao ligar a bateria do carro a um acumulador, para que seja carregada com a energia que irá locomover o veículo. O Arcanjo Rafael é o dirigente das escolas de treinamento de Suas legiões angélicas, que lá são preparadas para servir e aprendem como atrair de Deus as energias de cura sustentando-as em si, até que possam ser enviadas àqueles que as suplicaram. Aprendido o processo, são enviadas a Terra a fim de socorrer os indivíduos necessitados ou em situações aflitivas.

O Plano Divino para a Terra e seus reinos é o seguinte: os três reinos, o angélico, o dos filhos de Deus e o elemental deverão servir juntos e em harmonia, restabelecendo a perfeição do Reino de Deus. Jesus disse: "Venha o teu reino, seja feita a tua vontade assim no Céu, como na Terra". (Mateus, Cap. VI, verso 10). O Arcanjo Rafael e Seus anjos também protegem as emanações de vida que desejam servir a Deus e aos homens, neste mundo físico das aparências. Eles lançam Raios de Luz e insuflam sentimentos de fé, amor, constância, sabedoria e tudo mais que for necessário, naqueles que se consagram a uma missão nobre na vida, para que permaneçam fiéis, sem desfalecimento, no cumprimento de sua obra.

O Arcanjo Rafael é o complemento Divino da Bem Amada Maria, Mãe de Jesus. Além de Seus infindáveis trabalhos junto aos seres humanos, é dirigente suprema do ministério de curas para a Terra.

Elohim Vista e Crystal

O Grande Iohim Vista é, para a Terra, o 'Olho Divino que tudo vê', sendo, também, o Elohim da Concentração, da Devoção, da Cura e da Música! Juntamente com o Seu complemento Divino, a Bem-Amada Crystal, empenha-Se em harmonizar, por meio da música, os corpos físicos, emocionais, mentais e etéricos da humanidade, mantendo ininterruptamente tais condições, de modo que as energias dos homens possam contribuir para a música das esferas. É recomendável desenvolver o poder da concentração, porque através dele será possível materializar tudo aquilo que necessitardes: neste sentido o Bem-Amado Elohim Vista dará sempre a Sua ajuda, desde que a invoqueis.

Como o nome sugere, a Bem-Amada Crystal derrama a Sua essência cristalina nos quatro corpos inferiores e nas almas das emanações de vida para 'lavá-los' e purificá-los das falsas ilusões, do acúmulo de mentiras e de conceitos errôneos.

Apelo ao Arcanjo Rafael, Elohim Vista e Crystal

Em nome do amado Mestre Hilarion apelamos pela Chama Verde da Cura e Verdade:

Que fluam as Forças da Cura em nós, em todos os nervos e em todas as células. Poderoso EU SOU, aceitai o comando sobre o nosso ser externo e ajudai-nos a absorver as Forças da Cura em toda sua potencialidade.

Assim seja!

Visualização do cálice da Cura

Avistamos sobre a Terra um cálice Dourado que agora preenchemos com a Chama Verde da Cura...

Nós pedimos aos Dirigentes e Anjos do Raio da Cura para multiplicarem nossas Energias até preencher o Cálice ... Vemos agora o Cálice inclinar-se suavemente, derramando a essência Verde da Cura. Ela se espalha sobre a Terra. Toda Vida recebe agora a Bênção da Cura ...

Cerimonial do Raio Verde
Verdade, Cura e Concentração

Pedidos: relacionados à saúde de qualquer pessoa. Causas relacionadas à Justiça. Para esclarecer situações onde haja mentira ou aspectos ocultos.

Dia correto para iniciar este ritual: Quinta-feira (fazer durante 7 dias).

Horário correto: das 9h às 15h ou das 18h às 21h.

- 1 vela Verde num pires branco ou castiçal.
- 1 incenso.
- 1 jarro com Folhagens ou ervas/plantas medicinais.
- 1 copo/taça de água para fluir (para ser tomado após o término do ritual).
- 1 toalha branca para arrumar o local do seu ritual.
- 1 quartzo-verde ou Amazonita.
- 1 foto do Arcanjo Rafael ou Mestre Hilarion, ou de um anjo.
- Apelos do Raio Verde
- Um papel branco com todos os seus pedidos escritos a lápis (no oitavo dia, você deverá queimá-lo e reservar as cinzas para soprá-las ao vento, de preferência na Natureza).

Prepare seu pequeno santuário. Coloque uma música suave. Acenda a vela e o incenso. Feche os olhos e serene seus pensamentos. Respire três vezes profundamente, porém, lentamente. Chame, amorosamente, por seu anjo da Guarda e imagine-se dentro de um cone de Luz Verde brilhante. Faça apelos aos Senhores do Raio Verde, ao Arcanjo Rafael e a todos os anjos responsáveis por nos ofertar as energias da Cura, da saúde, da justiça e da verdade. Converse com o Arcanjo Rafael e faça seu pedido pelas vias do pensamento ou leia o que está escrito no papel. Neste momento, visualize a Luz Verde em espiral envolvendo seu pedido, seus familiares, sua casa, sua cidade, seu país, expandindo para todo o Planeta Terra. Mantenha esta visualização por alguns instantes. Respire novamente por três vezes e, humildemente, agradeça a Deus, ao seu Anjo guardião e a todos os responsáveis pelo Raio Verde, por este "momentum" de Paz, de Luz e Perfeição.

Repita mentalmente:

EU SOU a Cura. EU SOU a Verdade.

EU SOU a saúde de Deus em ação.

Abafe a vela, reservando-a para os dias seguintes.

Tome a água lentamente. (no sétimo dia, tome a água e deixe a vela queimar até o fim).

Observação: Se a vela chorar muito e sobrar muita parafina, o anjo sente dificuldade em realizar seu pedido e pede mais orações. Ou seja, se for da sua vontade, repita o ritual.

Meditação Raio Verde

A diferença entre os exercícios praticados no Oriente e no Ocidente, para o controle da mente, faz-se notar principalmente na mentalidade dos diversos tipos de pessoas. Enquanto no Oriente se pratica a meditação e a yoga há milênios, somente agora o homem do Ocidente descobre os benefícios que se pode alcançar com o controle da mente. O oriental encontra o caminho para a harmonia e equilíbrio interno com mais facilidade, enquanto o inquieto e fatigado Ocidental, na maioria das vezes, tem dificuldades de entrar no Silêncio.

Para este fim recomenda-se a seguinte meditação: Imaginai encontrar-vos numa paisagem florida e ensolarada, com suaves subidas de colinas e florestas. Procurai sentir o aroma que emana da atmosfera. Então, andai alguns passos sobre uma relva florida e sentai-vos para relaxar. Procurai perceber a profunda Paz ao vosso redor, como estais envolvido pela natureza e como sentis a vida que emana da relva. O murmúrio dos seres da natureza que se aproximam e vos demonstram seu respeito, porque reconhecem que sabeis da sua existência e lhes dedicais gratidão e amor. Procurai fixar este quadro por algum tempo e excluir todos os outros pensamentos.

Seu Raio Cósmico de Missão Verde

Verdade, Saúde, Concentração, Harmonia, Abundância e Cura
Conhecimento concreto – O Custódio do segredo.

O Raio Verde, metafisicamente, representa a Força Vital. É a Liberdade em pessoa, a mudança, a aventura e a franqueza.

Confere forte psiquismo, benevolência, generosidade, indulgência, sabedoria, espiritualidade. É o conselheiro da Verdade, versátil, desembaraçado e adaptável.

É, Raio Verde, nesta existência nascestes sobre esta influência para aprender o valor real da liberdade de ser, ou seja, de ser o que pensa e o que sente. Pois talvez, Raio Verde, você traga no íntimo da alma a consequência do fato de que aquilo que plantardes na mente dos outros, pela forma livre e muitas vezes maledicente de dizer o que pensa e sente, causa danos, produz choque e má impressão nas consciências de quem o ouve. Seja uma crítica, uma insinuação, uma realidade ou acusação, mesmo que seja apenas pelo olhar, sempre perturba o emocional.

Enfim, a verdade é que um Raio Verde pode atrair as influências da sombra, da desarmonia e até mesmo de distúrbios físicos, se não tiver aprendido o real caminho da liberdade.

Você, Raio Verde, é um veículo de expressão para as ideias da mente de Deus, é o ímpeto de revelar a lei através do intelecto, o poder de expressar a Divindade através da profunda penetração na matéria.

Mesmo que muitas palavras aqui ditas parecerem que não têm nada a ver com você, esse é o objetivo. Conscientizá-la, trazer à tona em sua consciência a recuperação da sua memória cósmica, de quem é você e o que veio fazer aqui; no entanto, sem termos pretensão de ser os donos da verdade.

Um filho do Raio Verde é um orador fluente e um executor versátil, um falante engenhoso e tem grande poder de observação. Por esta razão é crítico, um pouco introspectivo pela necessidade de analisar tudo mentalmente; embora, quando se harmoniza e gosta, é delicado, expansivo e gentil.

Você, Raio Verde, é um pouco "São Tomé", ou seja, gosta de ver para crer, sendo que suas principais características são: o poder de dominar uma área de especialização e o dom de observador imparcial em busca da verdade.

Quando você se expressa, têm exatidão na fala, percepções mentais aguçadas e precisas e visão para a aplicação do conhecimento. Você tem amor pela pesquisa científica.

Sua alma, Raio Verde, trabalha para ser o elo de inteligência entre o mundo abstrato da ideação pura e o mundo concreto de aplicação prática. Com precisão e exatidão na criação de formas e invenções que proporcionam a difusão da inteligência da Mente Superior. É de suma importância que você procure corrigir suas deficiências de caráter, tais como: ausência de compaixão e simpatia, falta de estímulo a mudanças, mesquinhez e indiferença. Você tende a ter uma perspectiva demasiadamente estreita, análise constante acerca de tudo e todos e excesso de minúcias.

Em algumas situações você pode ser pedante, super estimativo dos aspectos de sua forma de vida, ser um crítico severo, ter orgulho mental, e ser preconceituoso em vários aspectos da vida. Tome cuidado para não ser tão materialista a ponto de ser cético e agnóstico, não acreditando na vida espiritual.

De outro lado, encontramos filhos do Raio Verde que procuram descobrir, fazer e trazer a salvação para a humanidade nos diversos campos de atividade como: governo, educação, filantropia, ciências, religião, liturgias, medicina, e também nas áreas de direito, pesquisa. Isto ocorre porque estes simplesmente acreditam na vida nos dois planos de existência. Raio Verde, necessário se faz conscientizá-lo de uma verdade muito importante: você procura evitar envolver-se emocionalmente ou perturbar-se com o sofrimento alheio, acha que as pessoas que assim agem são sentimentalistas e ingênuas, assumindo responsabilidades que não lhes cabem.

Talvez você se surpreenda, quando deixar de acreditar que suas noções de como viver em paz e despreocupado estejam corretas. Encarar a realidade, a verdade da vida, não implica na necessidade de ser indiferente, frio e impaciente quando você está diante de pessoas que não conseguem ver ou dizer francamente o que pensam e sentem.

Mesmo aqueles com os quais você convive gostariam de ver um pouco mais de solidariedade humana de sua parte. Na verdade, nem todas as influências que o deprimem se encontram à sua volta.

Apesar de sua aparente indiferença, você se sente muito triste, não consegue parar de remoer os problemas e teme deixar-se afogar por eles. Acha que só conseguirá manter-se à tona à custa de um esforço de vontade, e do recusar-se a pensar qualquer coisa que o faça lembrar da infelicidade e da miséria.

Raio Verde, você vive em fuga da real Verdade, e necessário se faz que você encare a sua Verdade e busque o aprendizado para lidar com os problemas. Tão logo em frente esta primeira Verdade, se sentirá liberto do medo que você tem frente aos seus problemas e aos dos outros. O medo o faz agir de modo tão confuso no viver a Verdade com saúde e concentração, tanto que muitas vezes se sente como se estivesse carregando muito peso, devido às cargas de preocupação com coisas que não merecem sua concentração.

Raio Verde, em consequência deste comportamento você se encontra descuidado e até mesmo superficial. Quando você se conscientizar desta verdade, procure em primeiro lugar devolver à sua vida um pouco de profundidade e de solidariedade.

Concentre-se e medite Raio Verde, sobre as coisas sérias de verdade. Não rejeite os sentimentos profundos e até mesmo trágicos da vida. Você conseguirá superar esse medo em relação a tudo o que o circunda.

Procure manter sua paz de espírito sim, mas com cuida- do para não se tornar superficial. Seja preocupado sim, mas não permita envolver-se em sentimentos ingênuos ou problemas imaginários. Quando perceber que as pessoas à sua volta estão preocupadas demais, tente auxiliá-las a encarar os fatos reais da vida, e a entender que há muitos meios para fazer isso sem que haja perda da paz e do equilíbrio interior. Se assim procurar agir, Raio Verde, extrairá conhecimentos que estão guardados no seu subconsciente, os quais acrescentarão uma dimensão maior à sua Compreensão.

Você possui muitas qualidades e brilho interior, e isto é uma força que sempre o ajudou e o ajudará a realizar até o que parecer impossível de se concretizar.

Mas, Raio Verde, seja modesto e moderado para não sair do direcionamento correto de sua vida. Com verdade, alegria, concentração em tudo que fizer, o sucesso estará garantido. E, lembre-se, nada na vida deve ser feito com excesso.

Transmita alegria e verdade para que possa curar a todos aqueles que por algum motivo se aproximarão de você. Irradie serenidade, calma, mesmo que a fase em que se encontrar esteja difícil. Você aprenderá, com os problemas próprios e com os das pessoas, que com calma é mais fácil encontrar a verdadeira solução para todos os problemas, sejam quais forem suas origens. Mesmo porque, Raio Verde, o desespero, ou qualquer outro sentimento que não seja de Luz, leva-nos a desconfianças e muitas espécies de enfermidades.

Busque a linguagem da intuição, ela te revelará a resposta de todos os segredos da vida. Ela é a porta para o mundo da Verdade, e a Verdade sempre o libertará, Raio Verde.

O Bem amado Mestre Hilarion diz: "Tudo é lícito existir, mas nem de tudo é lícito o Homem fazer uso. Tudo é cíclico e repetido. A repetição se dá até que se aprenda a conduzir a situação corretamente. Não estamos aqui por acaso. Somos parte de um todo. Devemos tirar de nossas experiências algo de bom e sempre contribuir para o bem de nosso semelhante. Tudo o que existe tem um valor e coisa alguma é fruto do acaso, por menor que seja".

Pense nisso, Raio Verde, o pensamento é a semente geradora de tudo o que existe. Os pensamentos são nosso destino, portanto, use dessa força que possui no mental e 'pense bom', gere alegria, felicidade, saúde, abundância, vitória.

Tenha sempre pensamentos bons em todos os momentos e as portas da cura, da felicidade, abrir-se-ão como num passe de mágica.

A fé e a indulgência lhe darão acesso a uma vocação e vastas possibilidades espirituais. Mantenha a harmonia e o respeito para com a própria natureza.

O mental é seu veículo de expressão. O direcionamento da lógica tem que ser levado à sua conclusão. O Raio Verde trabalha com precisão e detalhe na estruturação de exteriorização de ideias; tem grande necessidade de especialização do interesse, e sede de conhecimento obtido através da busca, da pesquisa, da investigação e experimentação; tem anseio em determinar a causa e o efeito de coisas através de provas verificáveis.

Apesar do Raio Verde raramente, para não dizer nunca, ser visto como veículo de expressão do corpo astral, sua forma como Raio da personalidade ou da mente pode ofuscar a energia do Raio emocional de uma pessoa. Neste caso os sentimentos sempre ficam subordinados aos pensamentos, levando a uma sensação de isolamento e de defesa emocional. Deve cultivar a tolerância intelectual, o Amor atuante sustentador, a reverência e o compartilhamento dos sentimentos dos outros.

O Raio Verde é raramente, ou talvez nunca, o Raio do corpo físico, pois é o Raio do mental. Daí o porquê de ter o chakra frontal como vértice principal. Procure movimentar-se com gestos mais leves.

O Raio Verde é a expressão do Amor pelo conhecimento concreto e pela ciência.

Sua vocação profissional é: médico, cientista, pesquisador, atividades ligadas ao ensino, profissional liberal, advogado, juiz, tabelião, terapeuta, vendedor, gerente de propaganda, investigador, detetive, escritor, professor, conferencista, colunista, editor, todas as carreiras de comunicação, grafólogo, revisor, teatrólogo, operador de rádio e TV; perito em computadores, ator, secretário, consultor, psicólogo, professor de línguas, intérprete, importador e exportador, técnico, engenheiro.

Características e efeitos do Verde em nosso Corpo

Físico: Para tensão, irritação, agitação, problemas nos olhos, ouvido, nariz, epilepsia, bloqueios circulatórios, enjoo, expectorante pulmonar e urinário, estresse, sinusites, laringites, analgésico, vômitos e cólicas.

Emocional: Problemas emocionais profundos, desorganização, indecisão, ciúmes, inveja, melancolia, complexo de inferioridade, apego às coisas materiais, mentiras, falsidades, traumas, dificuldades de relacionamento, falsa modéstia, medos, pesadelos, ansiedade, rigidez e intolerância.

Espiritual: Auxilia a encontrar a Verdade, tranquilidade, concentração, clarividência, Intuição, energias de Cura, otimismo, coragem, abundância, Inteligência e Energias Cósmicas e Divinas, aprendizado na liderança e no comando.

O Ser do Raio Verde é regido pelo chakra frontal. Deve temer dores de cabeça, enxaquecas, problemas nos olhos, ouvidos e coluna vertebral. A parte hormonal costuma também ser afetada. Tem tendência a desenvolver problemas cardíacos e pulmonares. Mas, lembre-se, encarando a Verdade, a cura para os males que o afligem sempre estará próxima.

Chakra Frontal (Centro da Testa, Glândula Pineal)

Esse chakra é o centro da visão. O terceiro olho pode ser entendido como órgão sutil de percepção psíquica – um centro receptor que inclui os dois olhos do nosso corpo, além de um ponto de clarividência e de uma ligação desses órgãos de visão com o cérebro. O sexto chakra capta, armazena, analisa e projeta a riqueza de informações visuais do Universo. O terceiro olho traz uma compreensão maior, como ler nas entrelinhas, nos dá um "insight" além das palavras.

Está situado no centro da testa, no 3º olho. Está ligado à glândula hipófise ou pituitária. Sua cor é verde e seu elemento é Mente. Possui 96 pétalas, sua forma geométrica é duas meias luas se encontrando. Rege o plexo nervoso:

Hipotálamo pituitário autônomo; o sistema fisiológico:

Sistema Nervoso; e o sistema endócrino: Pituitária ou Hipófise.

Comanda o cérebro inferior, olho esquerdo (da personalidade), ouvidos, nariz e sistema nervoso. É o chakra do idealismo e da imaginação, reflete a visão interior e como ela é exteriorizada. Tem a capacidade de visualizar e compreender conceitos mentais (inteligência) e pôr em prática as ideias. Devido à importância e abrangências desse chakra, serão muitas as doenças possíveis, como todos os tipos de cânceres, devido ao desequilíbrio hormonal provocado por atitudes mentais desarmônicas. A consciência atua como fator modificador, processando a cura.

Relaciona-se com o corpo monádico ou nível emocional do plano espiritual. Representa a expressão individualizada no nível da essência ou o Eu perfeito. Nesta camada, junta-se o Amor (coração) com o êxtase espiritual (fronte), e é criado o Amor incondicional, sente-se o Amor por tudo e identifica-se com o Divino.

Decretos do Raio Verde

1º Decreto

Em nome da Presença Divina EU SOU, pedimos a Vós,
amado Mestre HILARION e a Vós Grandes Seres do Raio da Cura:
Dirigi Vossas Forças Curadoras através de nossos pensamentos e
sentimentos, através de cada parte de nosso corpo físico,
para que possamos gozar de perfeita saúde e sermos um adequado
instrumento para servir às Ascensionadas Legiões de Luz.
O que pedimos para nós, pedimos também para os nossos queridos
(em especial...) Enviai Vossas Legiões de Anjos da Cura para todos
os hospitais e instituições e para todos os que sofrem na Terra.
Nós Vos agradecemos!

2º Decreto

EU SOU a Poderosa Energia Eletrônica que pulsa através de cada célula
do meu corpo e do meu sentimento, renovando-os a cada instante.
Poderoso EU SOU na corrente de vida de .... Deixai fluir vossa
Energia Eletrônica através de cada célula de seu corpo e sentimento,
para que tudo se transforme em Perfeição, instantaneamente!

3º Decreto

Em nome do amado Mestre HILARION,
apelamos pela Chama Verde da Cura e Verdade:
Que fluam as Forças da Cura em nós, em todos os nervos e em todas as
células. Poderoso EU SOU, aceitai o Comando sobre o nosso ser externo
e ajudai-nos a absorver as Forças da Cura em toda sua potencialidade.
Assim seja!

4º Decreto

Em nome de Nossa Presença EU SOU, APELAMOS POR Vós, amado
Mestre HILARION e a Vós, Grandes Seres do Raio de Cura: Soerguei a
consciência dos Médicos e pesquisadores da medicina, abençoai-os com
Sabedoria e Iluminação para que possam reconhecer os caminhos de
cura, preparados pelos Mestres. Assim seja!

★ ★ ★ SEXTO RAIO: RUBI ★ ★ ★

MESTRA NADA

(atualmente Mestre João, o Amado)

Virtudes: Paz, Cura, Serviço Prestado, Devoção e Idealismo

Arcanjos: Uriel e Donna Graça

Elohim: Tranquilitas e Pacífica

Som: Pequenos assobios, estalos, sussurros

Perfume: Flor de laranjeira

Dia da Semana: Sexta-feira

Cristal: Granada, rubi, rubelita

Sentido: Gustação

Política: Teocracia

Plano evolutivo: Astral

Reino: Vegetal

Mantra: AUM (mantra-raiz que produz o som da expansão da energia. Som da Luz e da Paz, por abranger o Espaço e o Tempo, e por esta Energia atuar na Terceira e na Quarta dimensões. É o Princípio e o Fim de todas as coisas. É cósmico, galáctico, solar e Planetário).

Alimentação: Água e todos os alimentos e frutas com casca ou polpa avermelhada, beterraba e maçã

Representa: O Guerreiro que marcha.

Floral de Saint Germain: Focum, trabalha a misericórdia, a compreensão, a paz e o amor incondicional.

Sexto Raio e a Missão da Mestra Nada é irradiar a Cura, a Paz, o Amor Incondicional. Representa ainda a devoção abnegada, a cooperação humilde, o serviço prestado.

Mestra Nada foi a ascensionada que ajudou Saint Germain a obter a dispensação que tornou possível revelar as instruções de vários seres ascensionados após 1930, através do mensageiro Guy W Ballard. A comunicação, dizem Saint Germain e Nada, "permanecerão sós".

Na Atlântida, Mestra Nada serviu no "Templo do Divino Amor" localizado onde hoje é New Bedford, Massachusetts. Daquele templo eram emitidos Raios Curadores dirigidos para todo o globo, para aqueles que precisavam deles ou para os que assim o desejavam.

Mestra Nada, em sua última encarnação sobre a Terra, entrou para o retiro de Luxor. Lá Ela recebeu as rigorosas disciplinas do Templo da Ascensão. A princípio, ela achou muito difícil manter harmonia entre os seus aprendizes, devido aos atritos e às várias qualidades humanas que precisam ser suplantadas quando se vive em contato muito próximo com outros estudantes. Ela disse aos estudantes que, algumas vezes, ela deixava o retiro e corria durante milhas pelo deserto, apenas para se livrar das pressões.

Mestra Nada ascensionou por volta do ano 700 AC. A cura é uma das suas manifestações de serviço a Humanidade. Ela também está pronta a dar assistência a indivíduos que desejam ajuda para libertarem-se de maus hábitos.

Mestra Nada é um dos membros do Grande Conselho Cármico, representando o Terceiro e Sexto Raios do Amor.

Mestre Jesus foi Chohan deste Raio até ter sido promovido, juntamente com Mestre Kuthumi, a Instrutor do Mundo, e desde então Mestra Nada derrama o Seu Amor e auxílio por meio do Sexto Raio.

As Bem Amadas Maria, Mãe de Jesus, e Mestra Nada exercem no Templo da Chama Rubi da Cura parte de suas diversas atividades beneficentes. Se considerardes que o Templo Rubi da Cura existe desde as primeiras encarnações humanas, poderaeis avaliar a imensa Força de seu "momentum". As radiações da Chama Rosa

Rubi Dourada envolvem as auras dos fiéis, formam uma espiral de energia sempre crescente a qual Mestre Jesus, Mãe Maria, Mestra Nada e outros Grandes Seres, fazem retornar a Terra em resposta aos pedidos de auxílio, Cura e Paz.

Mensagem Raio Rubi

A vida em vosso Mundo civilizado, no decorrer dos séculos, tornou-se cada vez mais complicada. As leis e determinações criadas pelos seres humanos são quase imprevisíveis. A oferta em alimentos, vestuários e necessidades da vida cotidiana é gigantesca, e com isso a avidez das pessoas é cada vez mais despertada.

Este Mundo complicado em que viveis está fadado ao naufrágio. Será novamente uma vida simples e bela que as pessoas terão, quando as grandes transformações tiverem passado. A necessidade criada artificialmente terminará. O mundo será novamente previsível, e somente será realizado aquilo que realmente faz parte da existência humana. A Economia, baseada nestas necessidades artificiais, quebrará.

Também cada um de vós ainda apresentará algumas lesões causadas pelos processos de transmutação. Entretanto podeis ter certeza, amados alunos, que tudo que for indispensável para vossa vida estará à vossa disposição. Tereis beleza ao vosso redor e suficiente alimentação e realização de vossas necessidades. Não haverá carências neste Mundo futuro. A abundância de tudo de que precisais, estará garantida.

Podeis ter convicção de que o atual tempo caótico em breve terá passado, e que um Mundo melhor será construído, o qual estará de acordo convosco e realizará a necessidade de Luz e Amor, Justiça e Progresso.

Tudo isso vos compete e será criado pelos Grandes que assumirão a direção do Mundo Terra. Não tendes receio pelo que vier. Vossa direção interior vos colocará no lugar que corresponde às vossas capacidades, e onde podereis ser ajudantes e professores para muitas pessoas que, por causa do processo de transmutação, perderam sua orientação e ainda encontrarão o Caminho. O tempo para isso se aproxima, e podeis ter certeza de que a Luz que cresceu em vós se irradiará, visível para outras pessoas que, a procura de ajuda e proteção, vos encontrarão.

Essa será vossa grande tarefa, e tudo que aprendestes até agora servirá como preparação para isso. Sereis guiados, seguramente, e a Luz iluminará e aplainará vosso caminho, como sempre. Deixai de lado todos os medos, todas as limitações e reservas, e abri-vos para o que vier. Reconhecereis onde está vosso lugar e o preenchereis.

A benção de vossos Amigos na Luz vos acompanha em todos os vossos caminhos, e a ligação com eles se torna cada vez mais sensível, quanto mais avança o tempo. Estais abrigados nesta Luz. Realizai vossas obrigações diárias, como até agora. Entrai no silêncio de vosso coração e lá encontrareis resposta a todas as perguntas e problemas que se referem ao vosso Caminho. Estas respostas serão cada vez mais claras, com a Luz em aumento.

Sede envoltos no Amor de nossos corações e continuai firmes, passo a passo, em vosso Caminho à Perfeição.

Arcanjos Uriel e Donna Graça

O Arcanjo Uriel serve no Sexto Raio e Sua função consiste em proteger e colaborar com a evolução pertencente à Terra (mais ou menos dez bilhões de almas, das quais, no entanto, somente três e meio bilhões encarnam ao mesmo tempo).

O Arcanjo Uriel usa um maravilhoso manto de cor rubi-dourado, e é acompanhado por miríades de anjos. O Seu complemento Divino é conhecido por vós como Donna Graça; e os membros de Sua corte angélica são inumeráveis e acham-Se constantemente presentes nos cárceres, hospitais, reformatórios e asilos. Onde quer que exista uma alma necessitada, lá estarão eles.

A característica do Arcanjo Uriel é a paz. Esta deve anteceder a completa cura da alma e do corpo, ou a melhoria das condições pessoais; pois a paz é a verdadeira condutora dos Raios da cura.

Elohim Tranquilitas e Pacífica

O Grande Elohim da Paz, o Bem-Amado Tranquilitas e Seu Complemento Divino, a Bem-Amada Pacífica, ajudaram a criar o mundo. Esses Grandes Seres, que servem no Sexto Raio, desenvolveram e mantiveram por éons o atributo da paz. Eles darão o auxílio a fim de que essa condição seja alcançada, e responderão aos apelos envolvendo a criatura na energia de Sua Divina Paz, abençoando as famílias, comunidades, países, enfim todo o planeta. A paz é uma das mais importantes virtudes que o ser humano terá de cultivar e manter em seu mundo, para evitar toda perturbação externa ou que estejam oculta em seu coração. Isto é mestria!

Apelo ao Arcanjo Uriel e Elohim Tranquilitas e Pacífica

EU SOU a Presença Divina que em meu lar e em meu mundo ordena Paz, Amor e Harmonia. (repetir por 3 vezes).

Poderosa Presença Divina EU SOU, em mim e em todas as pessoas, e amados Seres de Luz que Vos dedicais à propagação da Paz. Nós Vos pedimos que os corações dos Estadistas e responsáveis pela Paz Mundial sejam iluminados com pensamentos de Paz, e que seus corações sejam amplamente carregados com esta virtude.

EU SOU a Presença Divina da Paz, ancorada em cada coração humano, que dirige todos os acontecimentos sobre a Terra até a sua Perfeição (repetir por 3 vezes). Assim Seja!

Cerimonial do Raio Rubi

Paz, Cura, Humildade, Amor Incondicional, Compaixão e Misericórdia.

Pedidos: relacionados a qualquer situação de emergência, ou situações que necessitem de solução imediata e da misericórdia divina.

Dia correto para iniciar este ritual: Sexta-feira (fazer durante 7 dias).

Horário correto: das 9h às 15h ou das 18h às 21h.

- 1 vela Rubi (vermelha) num pires branco ou castiçal.
- 1 incenso.
- 1 jarro com rosas carmim, vermelhas ou cor de maravilha.
- 1 copo/taça de água para fluir (para ser tomado após o término do ritual).
- 1 toalha branca para arrumar o local do seu ritual.
- 1 pedra rubi, granada, ágata vermelha.
- 1 foto do Arcanjo Uriel, ou Mestra Nada, ou Mestre Jesus, ou de um anjo.
- Apelos do Raio Rubi
- Um papel branco com todos os seus pedidos escritos a lápis (no oitavo dia, você deverá queimá-la e reservar as cinzas para soprá-las ao vento, de preferência na Natureza).

Prepare seu pequeno santuário. Coloque uma música suave. Acenda a vela e o incenso. Feche os olhos e serene seus pensamentos. Respire três vezes profundamente, porém, lentamente. Chame, amorosamente, por seu anjo de Guarda e mentalize-se no centro de uma rosa brilhante com centro dourado e as pétalas Rubi. Faça apelos aos Senhores do Raio Rubi, ao Arcanjo Uriel e a todos os anjos responsáveis por nos ofertar as energias da Misericórdia Divina, da Compaixão, da Paz e da Humildade no servir. Converse com o Arcanjo Uriel e faça seu pedido... pelas vias do pensamento ou leia o que está escrito no papel. Neste momento, visualize a Luz Rubi em espiral envolvendo seu pedido, seus familiares, sua casa, sua cidade, seu país, expandindo, expandindo para todo O Planeta Terra. Mantenha esta visualização por alguns instantes. Respire novamente por três vezes e, humildemente, agradeça a Deus, ao seu Anjo guardião e a todos os responsáveis pelo Raio Rubi, por este "momentum" de Paz, de Luz e Perfeição.

Repita mentalmente:

EU SOU a Misericórdia.
EU SOU a Compaixão de Deus em ação.

Abafe a vela, reservando-a para os dias seguintes.

Tome a água lentamente (no sétimo dia, tome a água e deixe a vela queimar até o fim).

Observação: Se a vela chorar muito e sobrar muita parafina, o anjo sente dificuldade em realizar seu pedido e pede mais orações. Ou seja, se for da sua vontade, repita o ritual.

Meditação Raio Rubi

Geralmente decorre muito tempo de esforço do aluno para conseguir entrar no silêncio, deixando os acontecimentos diários de lado. Gostaria de dar-vos um pequeno exercício que ajuda a entrar em meditação profunda com menos demora.

Imaginai-vos em uma aura flamejante. Vossa Luz interior é o centro, e se encontra brilhantemente iluminado. Concentrai- vos rigorosamente neste quadro, e procurai ver como esta Luz resplandecente se expande em vosso corpo, perpassando vossa aura e tornando-a cada vez mais luminosa. Agora vós sois esta Luz. Expandi-a sem limites na imensidão, até onde podeis imaginar. Ame, abençoe e agradeça a tudo e a Todos no Universo.

Seu Raio Cósmico de Missão Rubi

Paz, Cura, Serviço Prestado, Devoção, Idealismo, Compaixão e Amor Incondicional

O Raio Rubi é a Devoção no serviço prestado para manter a Paz em todas as atividades, conforme as necessidades do momento.

Você, Raio Rubi, nasceu para servir, ensinar e trazer conforto à Humanidade.

Palavra-Chave: nasceu para desenvolver a compaixão e a compreensão, para aliviar o fardo, em especial daqueles que naturalmente são atraídos à sua direção. Nasceu sob este Raio para aprender o senso de responsabilidade.

Raio Rubi, você possui dotes naturais, é afetuoso, simpático, leal. Sua missão principal, além de ser facilitador, é aprender e ensinar a todos que partilharem o seu caminho a manter a paz e a harmonia em suas vidas. Ensinar os conceitos da moral.

Você, Raio Rubi, deverá empenhar-se em manter a harmonia onde estiver. Deverá aprender a verdadeira arte de amar e de deixar os outros amarem e viverem, mesmo que você não esteja de acordo com a maneira que os outros escolheram para amar e viver.

Você, Raio Rubi, irradia uma vibração protetora e tem grande senso de responsabilidade. As pessoas são atraídas a você para buscar conselhos, conhecimento, e até a cura, por causa da sua vibração.

O Raio Rubi transmite, mesmo em silêncio, o conforto e a segurança de uma aura maternal ou paternal. Transmite otimismo, alegria, confiança. Você procura a verdade e a justiça, tem forte senso de equilíbrio e forte também é o seu gosto e senso pela beleza e as artes.

Deverá trabalhar em sua personalidade a hesitação e a incerteza, pois estas tendem a frear os arroios e as decisões a tomar.

Eis aqui uma certa dose de fraqueza: a aprovação, a escolha, o livre arbítrio e a inconstância em sua personalidade. Tanto que esta característica latente pode torná-lo escravo dos outros, especialmente da família, e seu senso de responsabilidade social poderá degenerar em irresponsabilidades. É moralmente bom, gosta de demonstrar talentos e realizações à família, adora a vida no lar e na família.

Raio Rubi, tudo o que aqui apresentarmos deste Raio é para despertar o altruísmo, o Amor incondicional, a compaixão e a Paz em você. Muitos dos filhos do Raio Rubi, vez por outra ou sempre, têm uma enorme vontade de se dedicar, ou já se dedicam, a causas meritórias e a objetivos importantes e nobres na ajuda humanitária ou voluntária.

Você acha que as pessoas evitam envolver-se com seus semelhantes, e assim você deseja fazer o que estiver ao seu alcance para intervir nas situações.

Reflita nesta sua atitude. Seus esforços nessa direção são interessantes, e quem sabe até se devesse estimulá-los. Mas, ao mesmo tempo, a orientação é que você não deve sentir tanta compaixão assim pelos outros ou por si mesmo. Pois lá no seu íntimo há uma forte tendência de bancar o herói trágico, e talvez estas suas sérias preocupações e seu profundo interesse pelos outros sejam um tanto hipócrita. No fundo talvez você saiba que a sua maior preocupação é consigo mesmo.

Sua busca de devoção talvez seja motivada, em parte, por sua incapacidade de interessar-se seriamente por alguém, ou por ser egoísta o bastante para com os que lhe interessam. Muitas vezes você acaba até sentindo que é necessário forçar um sentimento de piedade, tendo assim apenas uma compreensão superficial das pessoas e seus problemas.

Por esta razão, Raio Rubi, é que chamamos sua atenção, para verificar se seu interesse pelos problemas à sua volta são sinceramente e realmente profundos. Pois, persista na verdade e verificará que não é necessário ir atrás de causas a defender. Quando existe o altruísmo verdadeiro e o Amor incondicional desinteressado, as causas a serem defendidas surgem na sua vida naturalmente.

Se perceber sua tendência a remoer os males do mundo, procure seu senso de alegria e humor, busque compreensão e aceitação da vida filosoficamente. Aprenda a distinguir entre as coisas que devem ser levadas a sério e as que devem ser recebidas com um sorriso.

Desenvolva em sua vida um pouco de atividade e vigor. Procure relaxar, rir, divertir-se. Afaste da mente os pensamentos pesados das coisas graves, principalmente quando se sentir deprimido, com dores de consciência ou com desejo de afastar-se de todo ruído e confusão.

Embora, Raio Rubi, o caos que o rodeia o perturbe, cuidado com o caos que reside dentro de você, talvez esta seja bem maior e por isso sente-se com dificuldade em concentrar-se nos assuntos sérios que deseja examinar.

Seus pensamentos pulam de uma coisa à outra, e você já não sabe mais o que é ou não importante. Esses hábitos confusos são justamente por sua tendência de entregar-se à contemplação ou até mesmo a autopiedade, e somente quando o ruído e a confusão à sua volta não o atordoar mais é que realmente estará entregando-se à verdadeira contemplação da Paz.

Procure dedicar-se a boas causas, porém sem afogar-se em sentimentos excessivos. Você pode interessar-se e preocupar-se sem perder seu senso de equilíbrio. Você pode ter uma vida agitada emocionalmente, que seja ao mesmo tempo útil e cheia de significados. Você pode ser vivaz e profundo em seus pensamentos, sentimentos e ações.

Para se preocupar seriamente com os problemas à sua volta e para vivenciar o verdadeiro Amor incondicional você, Raio Rubi, não precisa deixar de ser simplesmente você mesmo, preocupando-se o tempo todo só com causas nobres e altruístas.

Coloque os pés no chão, conte com o que você já tem seguro, isto é, com sua própria situação atual. Faça algo de bom sempre, porém, sem perder sua realidade. Seja positivo, otimista, mas não conte com nada além da sua realidade.

Procure aprender a distinguir a verdade e a falsidade mesmo dos pensamentos, palavras, atos, sentimentos. Isso é muito difícil, é um trabalho interior que exige dedicação, constância, e muito amor e paz, tranquilidade, descontração.

Não leve tudo com tanta seriedade, Raio Rubi, a supervalorização de tudo leva a um desgaste muito grande, física, emocional e espiritualmente. Preocupe-se com os outros, sem que para isso esqueça de si mesmo. Você pode auxiliar a família, a comunidade, a humanidade de formas diferentes da sua expectativa.

Lembre-se, o exterior reflete o interior. As causas dos problemas estão dentro de você mesmo. É sempre necessária uma introspecção para harmonizar o interior. Pois, quando não se consegue estar bem com o mundo é porque não se está bem consigo mesmo.

Seja otimista, Raio Rubi, o otimismo pode não resolver um determinado problema, mas sempre ajuda a passar por ele da melhor forma possível. Enquanto que o pessimismo, além de não ajudar em nada, ainda aumenta o sofrimento. Tenha em mente que uma virtude só é conquistada quando for colocada em prática espontaneamente, sem considerações forçadas. Elas devem vir de dentro do nosso ser. Então sim, estamos vibrando de verdade o altruísmo do Raio Rubi. A razão e a emoção em equilíbrio é o que indica o caminho certo.

Afastar-se do plano material, e dar abertura para caminhar em direção à fé e ao ideal, é o que deve ser feito com o tempo, com devotamento.

O Raio Rubi coloca seu filho diante de uma prova, mas indica sempre uma escolha. O livre arbítrio permanece a lei de todos. E creia, o Senhor Deus lhe confere todo o tempo e a fortaleza para que se cumpra o trabalho assumido antes de encarnar nesta existência.

Contudo, Raio Rubi, procure equilibrar seus próprios sentimentos, tenha flexibilidade com as outras pessoas, seja verdadeiro e prático. Use sua intuição para moldar seus ideais e credos universalistas. Você é muito devotado, idealista e bastante evoluído, mas muitas vezes, tende a ser levado à devoção cega. Cuidado com as atitudes exclusivistas, com o preconceito, com a intolerância e o fanatismo.

Siga o impulso, que vem da alma, de transformar a motivação egoísta pessoal em devoção altruísta e impessoal pelo bem de todos. Siga suas características positivas, tais como: o amor, a ternura, a abnegação, a devoção e a reverência, a coragem para lutar por suas convicções, a lealdade, a sinceridade e a objetividade, ideais e credos. Seja o intenso foco de devoção, purifique suas emoções pela mente.

Raio Rubi, seu Amor é expresso pela devoção e idealismo. O Raio Rubi é estimulador da devoção religiosa e do idealismo. É também a expressão, o extravasamento do impulso de Amor e Sabedoria em conexão com a energia do Raio da Harmonia, a devoção.

O Raio Rubi é a força inspiradora das pessoas para as quais os princípios do amor, da bondade, da pureza do coração e do altruísmo são energias existentes e compõem seu modo de vida.

Tende a produzir pessoas que são muito devotas, idealistas por natureza. Pode levar ao tipo de fanatismo ou devoção dedicada, mais comumente demonstrada por membros de religiões, cultos e seitas exclusivistas.

Sua atividade está relacionada à sustentação da paz e intimamente ligada à sua emotividade, seu refinamento e sua espiritualização.

No tempo da pregação de Jesus, o Raio Rubi era predominante. Um tempo de grande intensidade emocional, em que a necessidade de refinamento era eminente. O Mestre Jesus captou a energia do tempo, o aspecto de rendição religiosa do Pai ou Divindade, e elevou-a ao aspecto de transcendência, numa tal extensão que a cristandade passou a chamá-lo de 'Príncipe da Paz'.

O Raio Rubi está intimamente associado ao Segundo Raio principal (amarelo-ouro), sendo o Mestre Jesus o próprio Raio. À medida que as necessidades do tempo mudaram para este ciclo em particular, voltado para o século XXI, requerendo menor força emocional e mais clareza da mente e funcionamento da mente superior, a necessidade da atividade deste Raio diminuiu um pouco, e tem sido suplantado pela atividade do Segundo Raio (amarelo-ouro).

Os filhos do Raio Rubi tendem a ter excesso de peso, inclinação à retenção de água, e são sensíveis ao álcool e outras drogas. Costumam ter estrutura grande e volumosa, endo mórficos. Procurem mover-se de maneira mais espontânea, será melhor para alcançar o equilíbrio.

Sua vocação profissional é: Serviço social, clero, frei, freira, medicina, enfermagem, o ensino, administração de restaurantes, veterinário, carreira nas artes, decorador de interiores, cabeleireiro, talentos judiciais. Deve treinar seus dons artísticos, expressar seu amor através do próprio trabalho, como: artista, ator, relações públicas, construtor, cantor, floricultor, professor de oratória, tutor, costureiro, modelista, músico, perfumista, químico de incensos, herborista, artista de teatro, conselheiro, pregador, médium, curador, teólogo, poeta, servidor religioso ou qualquer área na qual possa servir a outros.

Características e efeitos do Rubi em nosso Corpo

Físico: Depurativo, diurético, antibiótico natural, desintoxicante, para dores abdominais, gases, cãibras, náuseas, dores de cabeça relacionadas a problemas digestivos e hepáticos; revigorante, refrescante para queimaduras, para eliminar estresse, restituir energias, restabelecer os meridianos, desintoxicar o pâncreas, rins, baço, bom para desintoxicar pessoas que são viciadas em drogas, ajuda aos que se alimentam, mas não absorvem os nutrientes.

Emocional: Impaciência, dificuldades financeiras, revigorador sexual, ressentimentos, sentimentalismo, autopiedade, ansiedade, fragilidade, raivas, para desejos momentâneos, dificuldades em se relacionar com o todo, ajuda a estabelecer afeições, plenitude emocional, confiança, abundância, alegria, e curar-se de traumas afetivos que tiraram a alegria e o amor, do passado ou do presente.

Espiritual: Para quem não trabalha a espiritualidade, desenvolve o Amor Incondicional, a compaixão, a misericórdia, a paz e o servir humanitário; desenvolve o altruísmo.

O Ser do Raio Rubi é regido pelo Chakra Plexo Solar. Deve temer estado de anemia e perturbações circulatórias e todas as doenças sanguíneas. O sistema digestivo/hepático é bastante sensível; a garganta e maxilares também.

Chakra Plexo Solar (Estômago)

Enquanto nos dois primeiros chakras o fluxo de energia é para baixo, neste terceiro o fluxo é para cima. O estudo do chakra envolve nosso reexame do conceito de poder. Não é o controle material sobre um grupo de pessoas, mas o "poder verdadeiro", que vem de dentro, a capacidade de se integrar a qualquer situação que se apresenta. Esse é o chakra da vontade e do poder. Influi sobre a concentração, o foco mental, os pensamentos que ganham forma, a criatividade. Manipura é fogo, a chama da transformação. Como o fogo transforma matéria em calor e luz, este chakra transforma matéria em calor e luz, transforma a Terra e a água em ação, energia e poder. Esse chakra de fogo representa a combustão de comida para a ação e calor. Ele regula a distribuição de energia metabólica pelo corpo.

O sistema digestivo é regido por esse chakra. Seu estado de saúde é para nós um parâmetro de saúde de todo esse centro vital.

Está situado na região do estômago, sua cor é ouro rubi e seu elemento é o Fogo. Possui 10 pétalas, sua forma geométrica é o triângulo. Rege o plexo nervoso: Solar; o sistema fisiológico: Digestivo; e o sistema endócrino: Pâncreas. Comanda o estômago, intestino, fígado, baço, vesícula biliar e sistema nervoso.

É a sede das emoções, onde residem as energias Yin e Yang. Está associado à sabedoria espiritual e à consciência da universalidade da vida. Responsável por todas as doenças ligadas ao metabolismo e ao sistema nervoso.

Também diabetes, pedra no rim e vesícula, hipotensão e hipertensão, obesidade, cansaço, fraqueza, osteoporose e úlceras estomacais.

Esse chakra deve ser protegido, pois é por ele que entram toda sorte de sentimentos desqualificados, como a inveja, raiva, ódio, etc., quando se está vulnerável devido ao sentimento de medo.

Relaciona-se com o corpo mental e processos mentais inferiores – os instintos. Estes processos tornam-se racionais e intuitivos conforme o ser evolui e esse corpo fica equilibrado. Proporciona pensamentos claros, sensação de segurança e poder pessoal.

Decretos do Raio Rubi

1º Decreto

Em nome e com a autoridade da Presença Divina EU SOU e da poderosa Força do Fogo Sagrado em mim, clamo por Vós amados: Mestra NADA, Arcanjo URIEL, Elohim da Paz e todos os Seres Ascensionados e Cósmicos que se dedicam a proteger e projetar a Paz!

Aumentai a Energia que emana da Palavra "Paz",
proferida em qualquer lugar e parte da Terra por mil vezes, até que a Terra e toda Vida que nela habita estejam impregnadas desta Virtude.

Eu vos agradeço pela realização deste meu apelo!

2º Decreto

Com o Poder da Presença Divina EU SOU, apelo por Vós, amado Elohim da Paz:

Carregai meu Ser e meu mundo com Vossa Paz Cósmica,
até que eu seja um Irradiante Ponto Central desta Virtude Divina,
abençoando a mim e a toda Vida que me cerca,

Assim seja!

3º Decreto

Poderosa Presença Divina EU SOU em mim e em todas as pessoas e amados Seres de Luz, que Vos dedicais à propagação da Paz:
Nós Vos pedimos que os corações dos estadistas e responsáveis pela Paz Mundial sejam iluminados com Pensamentos de Paz e que seus corações sejam amplamente carregados com esta virtude.

EU SOU a Presença Divina da Paz, ancorada em cada coração humano, que dirige todos os acontecimentos sobre a Terra até a sua Perfeição. (3x)

Assim seja!

★ ★ ★ SÉTIMO RAIO: VIOLETA ★ ★ ★

MESTRE SAINT GERMAIN

(atualmente Senhora Mercedes)

Virtudes: Transmutação, Ritmo, Purificação, Liberdade e Transformação

Arcanjos: Zadkiel e Ametista

Elohim: Arcturus e Diana

Som: Campainhas e guizos

Perfume: De violeta

Dia da Semana: Sábado

Cristal: Ametista

Sentido: Audição

Política: Comunismo

Plano evolutivo: Físico

Reino: Mineral

Mantra: AUM (mantra-raiz que produz o som da expansão da energia. Som da Luz e da Paz, por abranger o Espaço e o Tempo, e por esta Energia atuar na Terceira e na Quarta dimensões. É o Princípio e o Fim de todas as coisas. É cósmico, galáctico, solar e Planetário).

Alimentação: Sais

Representa: A chave do mistério – Ordem e Organização.

Floral de Saint Germain: Grevillea, transmuta a energia da raiva, irritação, nervosismo, desfazendo-nos cármicos e laços respectivos.

Amado Mestre Saint Germain consumou sua ascensão no ano de 1684, e muitas vezes Ele aceitou novas encarnações e esforçou-se por estimular nos homens de diversos países deste planeta o desejo de Liberdade, pois, que Liberdade é seu atributo especial.

Os esforços do Mestre Amado Saint Germain para libertar a Humanidade começaram durante a civilização do Saara há 70 mil anos. Ele poderia ter ascensionado naquela ocasião, mas escolheu reencarnar diversas vezes, de modo a manter uma melhor conexão para a Terra, conservando um corpo físico. Ele manteve a continuidade da Consciência durante o restante de suas encarnações.

Em outras encarnações o Amado Saint Germain foi sacerdote no Templo da Purificação, nos arredores da atual Cuba. Por volta do século XI antes de Cristo, Saint Germain encarnou como Profeta Samuel, depois como José, junto à Maria. Saint Germain preparou o caminho para Jesus. Ele conhecia antecipadamente a Missão de Jesus e assim pode ajudar em seu treinamento. Jesus quando jovem visitou a Índia e fez contato com o Ser Ascensionado, Grande Iniciador Divino, Lord Maitreya (o Cristo Cósmico) e recebeu as palavras: "EU SOU a Ressurreição e a Vida. "EU SOU a Luz do Mundo." "EU SOU o Caminho, EU SOU a Verdade, EU SOU a Vida".

Depois disso, José havia cumprido sua missão. Ao descansar, decidiu dar assistência a todos os seres humanos e animais, para que tivessem fácil passagem pela transformação, desde que fosse solicitado.

Como filósofo Proclus (450 DC), Saint Germain tinha uma escola com Palas Athenas (Chohan do Raio Verde). Ele viajava muito e ensinava muitas religiões. Mais tarde, foi mago Merlin da Corte de Rei Arthur. Encarnou como Roger Bacon, aproximadamente 1211 a 1294 DC, que foi um monge e filósofo inglês que realizou várias descobertas científicas, dentre elas o elixir para prolongar a vida.

Depois no século XIV; houve uma encarnação na Alemanha como Christian Rosencreutz, que significa Cruz das Rosas. Após passar por diversas iniciações no Egito, Ele voltou à Alemanha, lá fundou a Ordem da Cruz Rosa, a qual atualmente é Ordem Rosacruciana. Continuando suas encarnações, Ele reencarnou como

Cristóvão Colombo e Paracelsus, um químico e físico suíço. Sua última encarnação foi Francis Bacon, filósofo e escritor inglês, que escreveu diversos livros incluindo as peças de William Shakespeare.

Após sua ascensão Ele apareceu de novo, conhecido como Conde de Saint Germain, na França, como um homem misterioso, e Príncipe Rakoov, na Alemanha, e ainda Conde Bellamarre, em Veneza. Onde quer que Saint Germain tenha estado Ele era considerado muito rico. Ele assim deixava parecer, de maneira a ganhar influência entre os governantes. O Plano real era usar esta influência como um instrumento para produzir a Liberdade.

Mensagem do Raio Violeta

Ouvindo as palavras "iniciação", "consagração", os alunos geralmente pensam em grandes e sublimes acontecimentos em sua vida, durante os quais são levados a um plano vibratório mais elevado. Entretanto, existem ainda muitos degraus menores que poderiam ser denominados de "iniciação", tais como: iniciação em ensinamentos especiais, possibilidades de trabalho para a Luz. Existe a iniciação nos Focos de Luz, à qual também vós vos dedicastes. Como conclusão destes dias de trabalho com os ensinamentos que procuramos proporcionar-vos há anos, gostaríamos de presentear-vos com uma pequena consagração.

Imaginai que vós mesmos estais agindo como um gigantesco cálice – um cálice no qual vos encontrais com vosso conhecimento adquirido até agora, vossas experiências, e ao qual agora dirigimos, para cada um, tanto quanto possível, as Forças de que necessita para poder dar os passos em sua peregrinação. Vede como as torrentes de Luz afluem ao vosso cálice, em cascatas das mais belas cores e imaginai que todas essas forças luminosas se conservem no cálice, de maneira que podereis recorrer a elas sempre que houver qualquer necessidade em vossa vida – e quando uma hora trevosa vos quiser acometer, bebei novamente neste cálice, com todas as Forças que nele colocamos. Elas não se consomem, pois com sua aplicação novas Forças afluem, de maneira que vosso cálice esteja sempre pleno.

Ele está ligado ao vosso Ser, vós o levareis, onde quer que estejais. Conscientizai-vos, pois, do mesmo, sempre que precisardes de Forças que ainda não encontrais em vosso Ser externo. Elas estão em vosso cálice e esperam pela vossa aplicação.

Aceitai isso como um presente de vossos Amigos na Luz, que não vos oferecem presentes terrenos, porém querem repartir convosco as Forças que guardam. Agradecemos-vos por todos os esforços e transmitimos-vos a bênção da Hierarquia Espiritual, em cujo nome eu falo, vosso irmão na Luz.

Arcanjos Zadkiel e Ametista

Ao Arcanjo Zadkiel foi confiada a custódia do Fogo Violeta, dos apelos e da transformação. E a todo aquele que estiver interessado em atrair o Fogo Sagrado, tanto para si como para o seu mundo, é oferecida orientação a respeito. A energia contaminada pelos erros – que certamente acarretará futuros sofrimentos – pode ser transformada pelo Amor da Chama Violeta, de modo indolor e sem o padecimento que um resgate provocaria.

Não deveis temer a ação do Fogo Violeta, pois ele apenas dissolve e transmuta a energia que foi empregada de forma errônea, através de pensamentos, sentimentos, palavras e ações. A pressão pelo acúmulo dessa força produz, realmente, uma atmosfera pesada e desagradável em torno de vós; mas, futuramente, essa criação humana terá de ser dissolvida e transmutada em perfeição. Se usardes o Fogo Violeta com corações puros, isso resultará em energia espiritual maravilhosa, liberação e alívio. Caso isso não ocorra aqui, espontaneamente, deverá acontecer logo após a chamada "morte". O Arcanjo Zadkiel executa essa função nos planos internos; por este motivo foi erguido, no astral, um Templo do Fogo Violeta, onde a humanidade poderá purificar-se. Vós sabeis que o Complemento Divino do Arcanjo Zadkiel é a Bem-Amada Ametista. Se pedirdes a Eles para transpassarem cada parte de vosso ser e vosso mundo com a Chama Violeta, imediatamente apresentar-se-ão Os Seus anjos para atender ao apelo.

Nem vós, nem qualquer outro ser humano, poderá imaginar sequer a extrema perfeição divina presente no modo de agir desses anjos, não só aqui na Terra, como após o fenômeno da morte – enquanto não são completamente transmutadas as criações humanas e as energias divinas que foram maculadas por pensamentos, sentimentos e atos impuros; ou mesmo por recordações desagradáveis. Podeis, realmente, congratular-vos por conhecerdes este instrumento divino, que vos permite prestar serviços extraordinários. Naturalmente, ele não se manifestará por si próprio; é preciso partir de vós a iniciativa de apelar sinceramente aos Bem Amados Mestres Ascensionados Saint Germain, Arcanjo Zadkiel e Seu Complemento Divino Ametista e aos anjos do Fogo Violeta. Quanto mais confiantes estiverdes ao empregar esse Fogo purificador, tanto mais rápida será a vossa libertação.

O maravilhoso Templo Etérico dos Bem-Amados Zadkiel e Ametista está situado sobre a ilha de Cuba. Em épocas passadas ele foi, aqui na Terra, um poderoso foco de irradiações. Virá o dia em que tornará a surgir na face do planeta; e os homens irão visitá-lo para mergulhar em seus Raios de Fogo Violeta e tornarem-se imediatamente livres.

Elohim Arcturus e Diana

O poderoso Arcturus é o Elohim do Fogo Violeta, da misericórdia e da compaixão, do apelo, do ritmo e da liberdade. Ele serve no Sétimo Raio, cuja Chama tem a propriedade de elevar a vibração dos elétrons, átomos, moléculas e substância de que os corpos se compõem. O Elohim Arcturus cooperou para a criação do planeta Terra; e o Seu Complemento Divino é a Bem-Amada Diana.

Apelo ao Arcanjo Zadkiel, Elohim Arcturus e Diana

EU SOU a Poderosa, Transmutadora Chama Violeta em forte e dinâmica atividade, que agora afasta todos os erros e enganos do presente e passado, com suas causas e efeitos, e todas as criações inoportunas pelas quais meu eu inferior é responsável, transformando tudo em Perfeição para sempre.

EU SOU a Poderosa, Transmutadora Chama Violeta em forte e dinâmica atividade, que agora me transpassa, purificando toda Energia e Formas-Pensamentos que eu criei, carregadas de sombras e enganos no passado e presente de minha vida, e que agora transforma tudo em Perfeição para sempre.

EU SOU a Poderosa, Transmutadora Chama Violeta em forte e dinâmica atividade, que agora perpassa meus corpos inferiores e minha aura, consumindo e purificando todas as impurezas acumuladas e tudo que não é Luz.

Cerimonial do Raio Violeta
Transmutação, Alquimia Interna, Transformação,
Inovação e Conexão com a Espiritualidade

Pedidos: relacionados à Prosperidade em todos os sentidos da vida, queima de processos cármicos em qualquer sentido, de qualquer origem.

Dia correto para iniciar este ritual: Sábado (fazer durante 7 dias).

Horário correto: das 9h às l h ou das 1 h às 21h.
- 1 vela Violeta num pires branco ou castiçal.
- 1 incenso.
- 1 vaso com violetas ou flores de cor lilás.
- 1 copo/taça de água para fluir (para ser tomado após o término do ritual).
- 1 toalha branca para arrumar o local do seu ritual.
- 1 pedra ametista.

- 1 foto do Arcanjo Zadkiel ou Mestre Saint Germain, ou de um anjo.
- Apelos do Raio Violeta
- Um papel branco com todos os seus pedidos escritos a lápis (no oitavo dia, você deverá queimá-la e reservar as cinzas para soprá-las ao vento, de preferência na Natureza).

Prepare seu pequeno santuário. Coloque uma música suave. Acenda a vela e o incenso. Feche os olhos e serene seus pensamentos. Respire três vezes profundamente, porém, lentamente. Chame, amorosamente, por seu anjo de Guarda e imagine-se dentro de uma Chama de Fogo Violeta. Faça apelos aos Senhores do Raio Violeta, ao Arcanjo Zadkiel e a todos os anjos responsáveis por nos ofertar as energias da Transmutação de tudo o que não é Luz em nós e em nosso mundo.

Converse com o Arcanjo Zadkiel e faça seu pedido... pelas vias do pensamento ou leia o que está escrito no papel. Neste momento, visualize a Luz Violeta em espiral envolvendo seu pedido, seus familiares, sua casa, sua cidade, seu país, expandindo, expandindo para todo o Planeta Terra. Mantenha esta visualização por alguns instantes. Respire novamente por três vezes e, humildemente, agradeça a Deus, ao seu Anjo guardião e a todos os responsáveis pelo Raio Violeta, por este "momentum" de Paz, de Luz e Perfeição.

Repita mentalmente:

EU SOU a Perfeição que Deus deseja (3 vezes).

Abafe a vela, reservando-a para os dias seguintes.

Tome a água lentamente. (no sétimo dia, tome a água e deixe a vela queimar até o fim).

Observação: Se a vela chorar muito e sobrar muita parafina, o anjo sente dificuldade em realizar seu pedido e pede mais orações. Ou seja, se for da sua vontade, repita o ritual.

Meditação Raio Violeta

Alegria e Tristeza são os dois pólos entre os quais se movimenta a vida humana, enquanto o ser humano ainda não tiver compreendido que deve aceitar o sofrimento para dominá-lo. Muitos dos nossos alunos tomaram esta atitude – com resultados diversificados. Por isto deveríeis aceitar o seguinte exercício em vosso programa diário.

Pensai em um problema ou sofrimento que vos preocupa. Colocai tudo diante de vós e o observai impessoalmente, mas de tal maneira que vosso sentimento não interfira e não venha perturbar.

Então, enviai uma forte corrente de chama Violeta, que venha fluir de vosso coração, e vede como ela envolve a forma pensamento do problema, que se dissolve lentamente. Observai agora em seu lugar uma clara e luminosa substância na forma de um sol, irradiante. Tudo Passou!

Seu Raio Cósmico de Missão Violeta

Veio ao mundo para ajudar o próximo a encontrar o caminho superior, para trabalhar e fazer avanços, para obter as vitórias merecidas.

Você, Raio Violeta, tem e terá sempre a sustentação do Plano Divino por meio do ritmo da invocação ao Fogo Sagrado Violeta. Você está aqui, nesta existência, para usar e desenvolver a mente. Suas palavras deverão ser de sabedoria quando decidir falar. Você tem uma forte intuição para atuar em qualquer campo, e esta lhe confere um alto grau de discernimento.

Eventualmente, você, Raio Violeta, será um enigma para as outras pessoas, e até para você mesmo às vezes. Você necessita confiar na força do espírito para resolver problemas difíceis. Tem forte tendência a investigar o lado oculto, misterioso e fenomenal da vida.

A música e outras artes tendem a atraí-lo e, vez por outra, tem necessidade de um tempo de solidão em floresta ou praias. Portanto, deve procurar um caminho para entrar em contato com seu interior e seus pensamentos mais profundos, uma vez que seu destino é usar a mente.

Raio Violeta, você é de natureza tranquila e reservada, um bom pensador, e assim necessita de ambiente pacífico e fica irritado com barulho fora de hora. É também de natureza refinada, sensível, fechada e geralmente psíquica. Poderá viver sozinho, ou então, tornar-se um celibatário e juntar-se às Ordens místicas mais elevadas da Humanidade. Você é calmo e desenvolve a profundidade de caráter, e assim beneficia a humanidade através de sua filosofia de vida.

Não deverá envolver-se demasiadamente com o materialismo, sem antes equilibrar-se em seu caminho espiritual; de outra forma a tendência é ter muitos desapontamentos, que podem ocorrer em risco de perder sua postura e ficar frustrado, triste e recolhido, confuso, com medo e pessimista.

Procure conservar o aristocrático e a dignidade pessoal não só na demonstração, mas sendo-o verdadeiramente.

O Raio Violeta tende a deixar de lado toda e qualquer pretensão e passar a viver uma vida simples e prática. Não quer ser importunado com aspirações muito elevadas, quer ser apenas ele mesmo.

A pessoa do Raio Violeta chega a olhar com desprezo o idealismo e as pretensões alheias, mas, em seus esforços de não os imitar, receia acomodar-se em um nível muito baixo.

Embora você, Raio Violeta, queira parecer natural ainda não conseguiu. Um dos motivos pelos quais você desdenha tanto as pretensões humanas, é que você também não é imune a elas.

Por temer essa tendência a parecer afetado, deseja eliminar todo e qualquer vestígio de pretensão, inclusive pensamentos e atos mais refinados. Precisará dedicar-se à autoanálise, investigando-se até sentir-se suficientemente preparado para agir com naturalidade, e, se continuar a esforçar-se chegará a superar sua tendência à pretensão.

É possível que você venha a sentir que se tornou simples demais. Poderá corrigir isto devolvendo um pouco de entusiasmo e de idealismo à sua vida.

De vez em quando, Raio Violeta, não esconda sua admiração pelas coisas belas, nobres e enaltecedoras, ou mesmo, não esconda suas ambições. Mesmo porque, uma pessoa que jamais demonstra admiração ou entusiasmo não é natural, está apenas incorrendo em outro tipo de afetação.

Como uma de suas principais características é ser um pensador analítico e um investigador, está sempre à procura de ver além das aparências, buscando solucionar os conflitos ocultos que existem à sua volta.

Você, Raio Violeta, deseja cultivar um sentimento de consideração pelos mais doentes ou incapazes e, às vezes, pergunta-se: como é que determinadas pessoas podem viver esbanjando, em uma vida superficial e isenta de cuidados, quando existe tanto sofrimento no mundo?

Porém, Raio Violeta, será que na verdade essa sua preocupação, e sua tendência a ser sentimental demais, não são para compensar sua verdadeira falta de interesse? Você gosta de imaginar que é uma pessoa compassiva e profundamente sensata, e sob vários aspectos você o é, ou pelo menos tenta ser. Não obstante, algumas de suas atitudes ainda são superficiais e indiferentes...

Parte de sua preocupação em criar um ambiente superficial à sua volta resulta da sua incapacidade de enxergar abaixo da superfície das coisas, e realmente ajudar os outros.

Você, Raio Violeta, deve buscar com perseverança um caminho para aprender a cuidar dos problemas reais e resolvê-los. E então, enquanto procura desenvolver sua capacidade de pensar e sentir com profundidade, é possível que muitas vezes se sinta deprimido. Você pode evitar isto preservando certa dose de humor, e fazendo algo que o auxilie a sair das preocupações de sua vida; divertir-se, por exemplo.

De vez em quando tome atitudes alegres e despreocupadas. Procure não parecer presunçoso querendo examinar os problemas alheios, pois isso pode ofender os outros.

Você, Raio Violeta, possui o dom da alquimia e deve aprender a usar esse dom começando pela transformação de si mesmo. Você possui o dom da coordenação, da unificação do princípio da vida interior e da sua expressão na forma, reflexo da Vontade através da ordem, fusão e combinação, necessárias para transformar chumbo em ouro, usando, com Sabedoria, o Poder do Fogo Sagrado.

Perceba bem, Raio Violeta, que ao formular e harmonizar vários aspectos de uma dada circunstância, em uma expressão ordenada para a vontade de Deus, seus ideais em benefício próprio ou de outrem se cumprirão.

Raio Violeta, procure sempre ter o devido cuidado nos detalhes, na força e autoconfiança, na habilidade de fazer surgir ordem. Pois você é capaz de combinar os poderes da vontade do Raio Azul com a coesão do Raio Amarelo-Ouro, e de produzir resultados materiais do Raio Rosa. Procure aprender o uso correto da presença EU SOU para que tudo se concretize no plano da vida.

Procure corrigir a tendência de adesão excessivamente rígida a regras e regulamentos. Do contrário poderá estar sacrificando a autodeterminação para seguir ordens impostas por superiores supersticiosos, pretensiosos e formais.

Contudo, deve cultivar a humildade, a brandura, a ausência de preconceitos, o entendimento da unidade mundial e mental do Raio Violeta.

Você tem a mente ordenada, ideais e opiniões em categorias ordenadas, é muito inovador. Mas cuidado, em contrapartida pode ficar atolado em metodologias obsoletas pela incapacidade de adaptar-se a novas circunstancias.

Emocionalmente deve manifestar sentimentos certos e apropriados nas situações em que se encontrar. Seja prático, sem esquecer os valores e experiências mais sublimes, que satisfazem suas necessidades superiores. Abandone as pretensões, mas lembre-se- se de seus ideais e de seus objetivos.

Interesse-se pelas coisas importantes, mas não se deixe abater pelos problemas decorrentes. Procure mergulhar até o fundo dos problemas, mas não se esqueça de retornar à superfície. As outras pessoas cooperarão mais, se você verdadeiramente tiver senso de proporção e naturalidade em um nível de verdade mais elevado.

Raio Violeta, uma grande liberdade de ação abre o caminho da harmonia. O fogo interior transforma as forças negativas. Você é sinônimo de vitória, conduz ao caminho da construção ativa e as mentes almejadas são facilmente atingidas.

O Raio Violeta expressa o amor pelo ritual, pela ordem e pela síntese.

O Raio Violeta e as energias da Era de Aquário são um agente de fusão, mescla e coordenação. A principal função é atuar na fusão das energias do espírito com a substância da matéria. A atuação do Raio Violeta contribui para a fusão da alma e da personalidade, e para a consequente reorientação do propósito de vida de um indivíduo.

É esse processo da infusão da alma na matéria que pode ser, simbolicamente, interpretado pelo alquimista do Raio Violeta como processo de transformar chumbo em ouro. A esperança para a Era Aquariana, a Era do Raio Violeta, é que essa reorientação e transformação coletiva aconteçam na humanidade.

O indivíduo que tenha integrado ativamente os seus eus inferior e superior, e que esteja vivenciando a vida de um ser humano espiritualmente realizado, revela isso no especial tipo de radiação emitida por ele.

O Raio Violeta é transformação e transmutação. A função deste Raio é mudar as formas, tanto físicas quanto mentais.

As pessoas ligadas ao Raio VIOLETA são amantes da cerimônia. Adoram quando as coisas são feitas ordenada e adequadamente. Este é o Raio do impecável, da enfermeira, do organizador e do desenhista de formas bonitas. Nas artes seriam particularmente verdadeiros se houvesse uma influência do Raio Branco (4º Raio).

Na característica e na conformação, amam a precisão. São preocupadas com os detalhes. Sua personalidade é dada ao trabalho com organização, tanto no pessoal como no profissional.

Apreciam formalidades e procedimentos, e ficam satisfeitos quando seguros da situação e das coisas. Interessam-se por comunicação. São atraídos mais pelo estilo de apresentação do que pelo conteúdo apresentado.

Um Raio Violeta é hábil em lidar com o ambiente físico. Organiza o ambiente à sua volta de maneira limpa e precisa.

Tem estatura média, com peso saudável e musculatura desenvolvida com uniformidade e muita bem coordenada. Deve procurar movimentar-se de maneira mais determinada.

Sua vocação profissional é: Você é muito inventivo e intuitivo. Pode atuar como pesquisador de psiquismo ou qualquer área de pesquisa, bibliotecário, catalogador, indexador, terapeuta, dentista, fazendeiro, advogado, fotógrafo, produtor de filmes ou de teatro. Qualquer trabalho refinado ou culto faz parte da vida de um Raio Violeta. Tem forte tendência para se tornar sacerdote ou sacerdotisa, por sua forte inclinação religiosa e mística acompanhada de profunda compreensão. É o Raio do Clero e do Mestre de qualquer evento ritualista ou Xamã.

Poderá fazer carreira na área da ciência, matemática, investigação. Pode ser um grande analista, pensador, mediador, filósofo ou místico. Diretor de empresa, gerente de pessoal, administrador, arqueólogo, astrólogo, engenheiro, são atividades possíveis. Tem tendência a ser pessoa pública, sendo exemplo e beneficiando toda uma comunidade e eventualmente o mundo.

Características e efeitos do Violeta em nosso Corpo

Físico: Infecções urinárias, afrodisíaco, tonificante, astenia física e intelectual, ativa a produção de todos os sucos gástricos, limpeza dos órgãos reprodutores, age como antibiótico natural.

Emocional: Agressividade, distúrbios sexuais, frustrações, vergonha, ressentimentos com a figura materna, determinação, sucesso, dinamismo.

Espiritual: Transmutação, inovação, elevação do padrão vibratório, para momentos de perda, usado em emergência para recuperação de todos os sistemas, sinceridade, força de vontade, perseverança, generosidade, reenergizador da energia básica para amar, ter compaixão, perdão, calma, bom sendo em todos os níveis. Ajuda a entrar em contato com a Memória Cósmica, curadores do passado e do presente. Equilibra o fluxo etérico, estimula a cura interior. Bom para usar no momento da meditação.

O Ser do Raio Violeta é regido pelo chakra sexual. Um Raio Violeta possui excelente vitalidade, o que lhe possibilita a vitória sobre pequenos males. Mas, cuidado com suas pernas e com o desgaste físico. Você é propenso a muitos tipos de infecções e inflamações. Deve temer todo e qualquer tipo de vírus e bactérias. Esteja sempre atento à sua sexualidade e aos órgãos reprodutores. O Violeta combate desordens nervosas e mentais, neuroses, nevralgias, ciática e doenças do couro cabeludo. O tratamento Violeta remediará também: epilepsia, meningite cérebro-espinhal, cãibras, reumatismo, tumores, fraquezas dos rins e da bexiga. O Violeta é animador e purificador do sangue venoso.

Chakra Sexual (3 cm abaixo do Umbigo)

O segundo chakra localiza-se abaixo do abdômen, na metade da distância entre os órgãos genitais e o umbigo. Centro do movimento do corpo. Elemento água. Corresponde às funções corporais metabólicas que têm a ver com líquidos: circulação; eliminação urinária, sexualidade e reprodução. Aqui, individualidade torna-se dualidade, solidez torna-se líquido, estático torna-se movimento. Nossa consciência do Uno inclui agora o reconhecimento como diferença. Nossa compreensão de nós mesmos é agora também um reconhecimento do outro. O desejo surge junto com emoções e sexualidade. Tornamo-nos conscientes de que evoluir é mudar. Do uno vem a dualidade. Os opostos criam movimento. E nós somos partes desse processo constante de movimento de espaço e tempo. O conhecimento consciente do segundo chakra nos ensina a não nos perdemos nos extremos, a vivenciarmos as dualidades sem perdermos o nosso eixo central. A Segunda casa é a sede da sexualidade. Ritual sagrado através da celebração da diferença. Ritmo profundo que pulsa em toda a nossa vida. Força vital, dança que equilibra, restaura, renova e reproduz.

Sexualidade não é a mesma coisa que sensualidade. Se a pessoa opta pelo celibato como forma de trabalho espiritual, precisa estar atenta a isto, pois castidade sexual não implica abandono de sensualidade. E o represamento forçado dessa energia pode ser arriscado. É preciso um trabalho consciente com o segundo chakra para manter essa energia equilibrada. O prazer é uma das características essenciais desse chakra. Ele é essencial para a saúde e a harmonia do corpo, permitindo-nos sintonizar o refinamento dos sentidos. Uma fonte de informação valiosa que nos guia em nossa evolução.

Chakra Sexual – em sânscrito "Swadhistana" "Morada do Prazer". Região do baixo ventre (pela sua própria localização no corpo, esse chakra seria mais bem denominado como "geniturinário", ligado às gônadas – homem, testículos e mulher, ovários).

Sua cor é violeta e seu elemento é a Água. Possui 6 pétalas, sua forma geométrica é a meia lua crescente. Rege o plexo nervoso, o sistema fisiológico, geniturinário e o sistema endócrino: Gônadas (glândulas sexuais masculinas e femininas). Comanda o sexo, a reprodução e as atividades criativas nos relacionamentos. Responsável pela qualidade de amor ao sexo oposto, concessão e reconhecimento do prazer físico, mental e espiritual. Está associado a todas as doenças do aparelho genésico, como: impotência, frigidez, tumores da mama e "rubores" na menopausa.

Relaciona-se com o corpo emocional. Se os sentimentos e emoções, positivos ou negativos, fluírem, a aura se mantém equilibrada, porque os negativos serão liberados ou transformados. Caso forem bloqueados, a energia fica interrompida e estagnada, causando doença. No estado de saúde a pessoa se ama, é feliz. Na doença ela se odeia, entra em depressão reprimindo os sentimentos negativos.

Decretos do Raio Violeta

1º Decreto

*EU SOU a Poderosa, Transmutadora Chama Violeta em forte
e dinâmica atividade, que agora me transpassa, purificando toda
Energia e formas pensamentos que eu criei, carregadas de sombras e
enganos no passado e presente de minha vida, e que, agora,
transforma tudo em Perfeição para sempre (pausa ...).*

*EU SOU a Poderosa, Transmutadora Chama Violeta em forte e
dinâmica atividade, que agora perpassa meus corpos inferiores
e minha aura, consumindo e purificando todas as impurezas
acumuladas e tudo que não é Luz (pausa. ...).*

2º Decreto

Em nome e com Autoridade da Presença Divina EU SOU, apelamos a Vós:
Amados Seres Cósmicos e Mestres Ascensionados que trabalhais com a
Chama Violeta e o Sétimo Raio para o desenvolvimento de nossa Terra
principalmente Vós, Arcanjo ZADKIEL e Santa AMETISTA:

* Flamejai a Transmutadora Chama Violeta através e ao redor
* do meu Corpo Físico!
* do meu Corpo Etérico!
* do meu Corpo Emocional!
* do meu Corpo do Pensamento!
* de minha Aura e de toda Energia que vem a mim para ser libertada!
* dos meus Chacras e de toda Energia que foi impulsionada por mim e
* leva meu selo!*

Estou dentro de um Pilar de Fogo Violeta e Eu sou livre – Eu sou livre –
Eu sou livre de qualquer criação humana – agora e para sempre!

3º Decreto

Em nome dos Amados SAINT GERMAIN, ASTRÉA e
ARCANJO MIGUEL e dos Grandes ELOHIM e Construtores de Formas:

EU SOU a purificadora Chama Violeta, que agora atravessa a
América do Sul, principalmente o Brasil, flamejando através de todas
as imperfeições e transformando tudo em Beleza e Perfeição
preparando o desenvolvimento da nova raça.

4º Decreto

Em nome da Presença Divina Eu Sou, chamo por Vós,
poderosa Chama Violeta em dinâmica atividade:

Passai torrencialmente através de meu ser,
através de todos os seres vivos e de toda a Terra.

Dissolvei, em mim e meu mundo, tudo que não revele o Cristo.
Purificai a atmosfera da Terra, transmutai todas as causas negativas,
ações e recordações, em Perfeição, Grande Mestre Saint Germain, eu vos peço:
Reforçai com Vossa Vitoriosa Força Cósmica esta ransmutação, até que
todas as pessoas tenham alcançado a sua Liberdade.

★ ★ ★

INICIAÇÃO AOS
SETE RAIOS CÓSMICOS

Introdução

Percebemos que no que se refere à questão relativa ao que conhecemos como Iniciação, estará cada vez mais próxima e presente no dia a dia do ser humano, essencialmente das pessoas que se interessam pelo campo esotérico espiritualista.

Por isso, vamos buscar passo a passo trazer ao entendimento o real sentido deste termo, pois quando falamos em iniciação pode ser de sabedoria, de conhecimento ou de caminho tradicionalista do adepto ou buscador. Há um sentido intrínseco, muito embora existam muitas definições quando ao seu objetivo, os passos preparatórios, o trabalho que tem de ser realizado entre as iniciações, bem como os seus próprios resultados e efeitos. Portanto, vamos deixar assentado sob o ponto de vista de um verdadeiro iniciado, com forma razoável, lógica, interessante e até mesmo de forma sugestiva, entrementes sem que seja conclusivo, servindo de referência e entendimento próprio de cada leitor.

Se buscarmos a origem da palavra Iniciação, encontraremos que se forma de duas palavras latinas distintas, IN, com significado "dentro de" e IRE, com o sentido de "ir, andar", desta forma, como resultado *a formação de um princípio ou ingresso em algo*. Em uma interpretação mais ampla, representa quando se tratar de um primeiro momento ou uma primeira iniciação, como sendo aquela em que se deu o primeiro passo ou atingindo o primeiro estágio no reino espiritual. (aqui, abordaremos os aspectos iniciáticos referentes aos sete raios cósmicos).

Quando o ser humano adentra ao espírito, então, ele passa a ser considerado um ser em espiritualização da consciência. O Mestre Seraphis Bey deixou bem claro em um dos seus ensinamentos: "Rompei a fronteira de vossas consciências e deixai entrar a Luz". Desta maneira, podemos entender plenamente, que tendo tateado no escuro no que chamamos na Fraternidade "Câmara da Ignorância" durante éons de tempo, mesmo se teve como escola a "Câmara do Aprendizado", agora estará ingressando em novos patamares conscienciais e despertando para adentrar, em tempo oportuno, na "Câmara da Sabedoria" e após passar por esta terá a sua diplomação nesta escola da Terra.

Aspectos da Iniciação

A Iniciação, ou processo de expansão da consciência, faz parte do processo normal do desenvolvimento evolutivo, encarado de um ponto de vista mais amplo e não do ponto de vista do indivíduo. Quando analisada do ponto de vista individual, passou a ser limitada, até o momento em que a unidade em evolução definitivamente aprende que (em virtude do seu esforço próprio, auxiliado pelas orientações dos Verdadeiros Instrutores da Fraternidade Branca) alcançou um ponto em que possui determinada gama de conhecimentos de natureza subjetiva, do ponto de vista do plano físico. É na natureza daquela experiência que cada um, desta forma, tendo dominado entendimento mais amplo e profundo dos ensinamentos, prosseguirá galgando passo a passo patamares mais elevados.

Desta maneira, todos os momentos que foram incorporados de forma sábia e inteligente ao ser, acompanharão a alma ou a Mônada em evolução por todo o caminho desta chamada peregrinação terrestre.

Há diferentes graus de compreensão dos ensinamentos em vários períodos, cuja expansão consciencial e iniciatória conduzirá cada um para um determinado ponto da senda espiritual, delineando o próximo passo a ser dado.

Significa dizer, então, que cada ponto ou cada iniciação vai representar determinada aprovação do estudante ou aluno, cabendo-lhe um ponto dentro dessa escalada a fim de atingir degraus mais profundos no interior da "Câmara da Sabedoria Divina". Assim, haverá um marco determinado pelo brilho e esplendor que irradia do fogo interno de cada um, desta forma, possibilitando maior conscientização para a plenitude, ou seja, a União com o Tudo e o Todo, que já existe em uma Unidade. Sim, vai resultar na verdade em um horizonte que se expande continuamente até abarcar toda a esfera da criação, quando nos tornamos a totalidade.

Cada um deve fazer a sua parte, uma vez que, neste caminhar cada progressão vai representar a maior consciência dos planos divinos, maior habilidade de compreendê-los. É um verdadeiro esforço da mente abstrata objetivando sua aprovação, como num teste, num exame.

Tudo isto vai conduzir à compreensão do aspecto cármico e cujos esforços são eminentemente suficientes para a consecução do seu objetivo primário.

Necessário ter em mente que a iniciação vai conduzir à montanha onde se terá a visão, uma visão do eterno "Agora", onde o passado e o futuro coexistem como uma unidade.

Ademais, também conduz cada buscador e caminhante àquela torrente que impulsiona cada vez mais para a frente ao se descortinar novos horizontes impermeáveis à consciência retrógrada humana estática.

A Iniciação conduz à caverna entre cujas paredes se conhecem os pares dos opostos e onde é revelado o segredo do bem e do mal. Levará cada um até o momento da Cruz e o Sacrifício, que terá de ocorrer antes que se possa alcançar a libertação completa e que o iniciado esteja livre dos grilhões da terra, não estando preso mais a coisa alguma. Conduz através da Câmara da Sabedoria e coloca nas mãos do homem a chave de todas as informações, sistêmicas e cósmicas, em sequência graduada.

Revela mistérios até então ocultos levando a um estado de consciência para outro.

Na medida em que se penetra em cada estágio, processa-se um alargamento do horizonte, a visão se amplia e a compreensão é cada vez maior, até a expansão abarcar um ponto onde se encontra o ego que abarca cada um individualmente.

A Iniciação, por fim, envolve determinada cerimônia. É este o aspecto que foi enfatizado nas mentes dos homens, talvez excluindo um pouco o verdadeiro significado. Basicamente envolve a capacidade de ver, ouvir e compreender e de sintetizar e correlacionar o conhecimento adquirido. Não abrange, necessariamente, o desenvolvimento das faculdades psíquicas, mas proporciona a compreensão interna que vislumbra o valor subjacente das formas e reconhece a finalidade das circunstâncias ambientais.

Desta forma, entenda-se que é a capacidade que percebe a lição a ser aprendida em qualquer ocorrência e acontecimento e, através destas compreensões e reconhecimentos, leva ao crescimento e à expansão, a cada momento de sua tenra existência.

Esse processo de expansão gradual – o resultado de um esforço definido, do pensamento reto e da conduta reta do próprio aspirante – e não de algum instrutor oculto realizando um oculto ritual – conduz àquilo que poderíamos denominar de uma crise. Sintoniza os átomos em determinada vibração e possibilita que seja alcançado um novo ritmo. Esta cerimônia de iniciação representa um ponto de realização. Resulta em duas coisas:

1. Uma expansão da consciência que leva à personalidade até a sabedoria alcançada pelo Ego e, nas iniciações mais altas, até a consciência da Mônada.

2. Um breve período de iluminação, no qual o iniciado vê a parte do Caminho a ser palmilhado diante dele e no qual compartilha, conscientemente, do grande plano de evolução.

Após a iniciação, o trabalho a ser feito consiste, grandemente em tomar aquela expansão da consciência parte do equipamento de uso prático da personalidade e em dominar aquela porção do caminho que ainda precisa ser coberta.

Cada iniciação proporciona maior controle sobre os raios, se assim podemos dizer, embora isto não transmita adequadamente a ideia. As palavras confundem com frequência. Na quinta iniciação, quando o adepto se afirma como Mestre nos três mundos, Ele controla, em maior ou menor extensão (de acordo com a Sua linha de desenvolvimento), os cinco raios que se manifestam especialmente na ocasião em que recebe a iniciação. Na sexta iniciação, se ele receber o grau mais alto, domina um outro raio e, na sétima iniciação, terá poder em todos os raios. A sexta iniciação marca o ponto de conquista do Cristo e faz com que o raio sintético do sistema fique sob Seu controle. Precisamos lembrar que a iniciação dá ao iniciado poder nos raios e não poder sobre os raios, o que representa uma diferença muito grande. Naturalmente, cada iniciado possui, como raio primário, ou espiritual, um dos três raios principais, e o raio da sua Mônada é aquele no qual ele adquire poder, progressivamente. O raio do amor, ou o raio sintético do sistema, é o raio final que se alcança.

Seria bom lembrar que os discípulos no primeiro raio compreendem o discipulado, grandemente, em termos de energia, de força, ou de atividade, enquanto que os discípulos no segundo raio o entendem mais em termos de consciência ou iniciação. Daí a divergência de expressões no uso ordinário e a falta de compreensão entre os pensadores. Poderia ser de utilidade expressar a ideia do discipulado em termo dos diferentes raios – querendo dizer com isso, o discipulado tal como ele se manifesta no serviço do plano físico:

Lembrem-se cuidadosamente, de que estamos aqui lidando com discípulos. Mais tarde, conforme progridam, as várias linhas se aproximam e se fundem. Todos foram magos em alguma época, pois todos passaram pelo terceiro Raio. O problema agora se relaciona com o místico e o ocultista e com sua síntese final. Um estudo cuidadoso do precedente levará à percepção de que as dificuldades entre pensadores e entre discípulos de todos os grupos, consiste em sua identificação com alguma forma e em sua incapacidade para entender os diferentes pontos de vista de outros.

Conforme o tempo passe e eles sejam levados a uma relação íntima com os dois Mestres com que estão ligados (seu próprio Deus interno e seu Mestre pessoal), a incapacidade para cooperar a fundir seus interesses em bem do grupo cessará e a comunhão de esforço, a similitude de objetivo e a cooperação mútua, substituirão o que agora tanto se vê: a divergência. Nós bem poderíamos refletir sobre isto, pois contém a chave para muito do que é confuso e, para tantos, angustiante.

1º Raio: Força – Energia – Ação – O Ocultista

2º Raio: Consciência – Expansão – Iniciação – O Verdadeiro Psíquico

3º Raio: Adaptação – Desenvolvimento – Evolução – O Mago

4º Ralo: Vibração – Resposta – Expressão – O Artista

5º Raio: Mentalização – Conhecimento – Ciência – O Dentista

6º Raio: Devoção – Abstração – Idealismo – O Devoto

7º Raio: Encantamento – Magia Ritual – O Ritualista

★ ★ ★

AS INICIAÇÕES DA ALMA

Os Sete Templos e Iniciação

O candidato à ascensão deve passar com sucesso as provas dos sete templos. Deverá aprender a perfeita dedicação do coração, alma e espírito e ter o desejo de seguir a vontade divina.

Iniciação ao Primeiro Raio Cósmico

Aqui, se dá o primeiro passo em direção à Vitória. "Tempus Fugit", ou seja, o tempo foge ou o tempo voa, então temos que começar o caminhar porque teremos milhas a andar.

Neste momento, cada um deve conscientizar-se e interiorizar o que és, para manifestar nesta oitava, nos quatro quadrantes, limpando-os como fazendo uma faxina diária, como se estivésseis limpando os estábulos de Augias[1]. Limpar os receptáculos, preparando para a vinda do Senhor.

Sabei que cada um de vós sois um pilar de fogo. Não se deve esquecer isto. Também não se deve deixar de lado que no vosso coração Deus vive e que ele é o Deus dos verdadeiros deuses.

---

1. Na mitologia grega, Aúgias ou Áugias foi um rei de Élida e marido de Epicaste. Aúgias foi um dos Argonautas. Ele é famoso por seus estábulos, que guardavam o maior número de gado bovino daquela região e jamais haviam sido limpos — até a época do grande herói Hércules.

Nos dias escuros da noite e de manhã cedo, quando vem um raio de sol, não há mais dor. Entendei e compreendei, que os resolutos devem avançar. Ide adiante, pois muitas coisas precisam acontecer, mas quando estais centrados em Deus elas não se aproximarão de vós. E com o tempo ao lado de quem realmente pretende seguir este caminho, usai-o para conquistar o que for necessário. Pelos fogos do amor, trabalhai a autodisciplina, pois ela é uma chave rápida para a mestria pessoal, sólida, profunda e poderosa.

Portanto, observai que tendes que obter uma aceleração dentro dos vossos quatro corpos inferiores, porém não podeis fazê-lo se não tiverdes um grande esforço, mas sois capazes de sustentar esta espiral de energia, este ponto de luz, bastando desejá-lo.

Esta é, na verdade, uma aceleração na evolução de todas as almas que desejam total e finalmente lançarem no fogo sagrado os seus momentos de crítica, condenação e julgamento, incluindo também a chamada fofoca e toda sorte de contrassensos humanos.

E o tempo de falarmos, destina-se também para resolver a questão do carma, que deveis aprender, pois os ciclos passam e este é o amplo e profundo significado de "fechamento da porta" e "abertura da porta" do reino.

Portanto, chegou o momento de um efetivo despertar, devendo se estabelecer prioridades, sendo que deve vir em primeiro lugar nas vossas vidas é vossa determinação em abraçar de todo o coração a senda deste raio, se quiserdes do discipulado sob a tutela de seu regente, El Morya. Para tanto, deveis deter a vossa criação humana, que de uma forma ou de outra precisa ser feito, especialmente o ego.

Existem três grandes inimigos, que repetimos: o egoísmo humano, a indulgência humana e o contrassenso humano, que somente o fogo ardente poderá consumir.

Tomai as providências necessárias, se desejardes vos livrar das intempéries da dor, pois pode ser que nunca tenhais chance de cumprir o vosso ciclo indicado por Deus.

O Amor do Coração de El Morya é intenso por cada um, fogoso, e tão grande quanto o sol e as próprias estrelas. Lutai pela vossa vitória. Lutai pela vossa vitória sobre o *eu*.

Iniciação ao Primeiro Raio – 1° Templo

Ao candidato é assinalado um lugar tranquilo, para que, aqui, possa se esforçar e fundir-se intimamente com sua Presença Divina.

Em seguida, no primeiro grande Templo e sob direção do grande Mestre El Morya e seus assistentes, terá que se submeter à primeira prova.

O caráter da indignação – da crítica – terá que desaparecer.

Indignação contra a disciplina e autocorreção significa uma barreira para qualquer progresso espiritual verdadeiro. Indignação e crítica contra injustiças de qualquer natureza limitam a consciência.

Dissolver os estados negativos e manter-se na própria paz – fazer uso da Lei Cósmica – é a solução!

Existem situações difíceis que são apresentadas ao candidato para provocar sua indignação e crítica.

Iniciação ao Segundo Raio Cósmico

Encher as taças com o néctar da Sabedoria Divina

Na Chama Dourada da Iluminação ocorre não apenas a coroação do chacra coronário, como também sua ativação e sua sensitividade ao néctar lá existente. Através da mente e deste centro de poder, podemos criar o vácuo que é preenchido pelo 3° Raio, ou seja, pelo Amor Divino, pelo coração latejante e pela combustão da Chama Trina.

Escutai a chama. Escutai o borbulhar da chama ao redor também dos corpos planetários e orbes de luz; escutai o movimento das estrelas, pois o vento das árvores aproxima-se do som conhecido pela alma, aquele som que é a alteração dos mundos.

Sabei que a perfeição do coração e da alma é conhecida apenas por Deus e o mundo nunca pode fazer qualquer espécie de julgamento.

Por isso, fazer girar a roda de orações dos chacras é muito importante, mas não deve só girar, mas acelerar e expandir. E os que têm o coração cheio de amor verdadeiro, saberão o significado das portas que se abrem.

Sim, porque os anjos as abrirão e as abrem por dentro para que aqueles que entram possam ver que no salão central há um poderoso cristal de fogo. Aquele cristal de fogo contendo a luz branca e todos os raios do arco-íris, sendo como um jato de água gigante que surge do coração da Terra, como um verdadeiro gêiser.

Compreendei, então, que a verdadeira chama dourada da iluminação deste raio, possa ser e seja, vosso chamamento.

Tem o poder de transformar os vossos mundos. É o poder para compreenderdes que Deus habita no interior do vosso templo. Portanto, é o momento de endireitar o eixo de vosso próprio ser. Assim, encontrais vosso chacra da coroa, onde encontrareis o doce mistério da vida, onde encontrareis a capacidade através da qual podeis fazer qualquer coisa, desde que decidais fazê-la.

Possais conhecer o fogo da sabedoria e, portanto, não permanecer na ignorância. Pois a ignorância vos destruirá. Portanto, à medida que estudais, sois iniciados nos mistérios da sabedoria divina e tereis uma vida tão fantástica que ireis para casa em glória.

Que o véu seja rompido hoje para que possais atingir determinada consciência, uma consciência que almejastes e que, ainda assim, não compreendestes.

Iniciação ao Segundo Raio – 2° Templo

Aqueles que foram aprovados no primeiro Templo serão aceitos no segundo Tempo do Ensino. Os professores sob a supervisão do Mestre LANTO, explicam aos alunos a utilização das Leis. Eles desenvolvem a compreensão pela Lei de CAUSA E EFEITO e todas as outras Leis Cósmicas. Este período é agradável e feliz. É o tempo da semeadura, o tempo em que o sopro da vida leva seu hálito à semeadura. Para outros alunos também é o momento em que a colheita deste trabalho é recolhida. Neste período o artista desenvolve a sua destreza, o músico sua habilidade de realização musical, o professor a sua eloquência que o capacita a transmitir seus conhecimentos e despertar o entusiasmo nos alunos. Aqui o estadista recebe as visões para o progresso do seu país. Nesta época, desabrocha e cresce todo o bem e, o entusiasmo dos irmãos e irmãs é muito grande.

Iniciação ao Terceiro Raio Cósmico

Quando alcançardes o terceiro degrau da Pirâmide das Vidas, sabereis que o Amor é o cumprimento da lei do Primeiro e do Segundo Raios. Completa-se o equilíbrio da própria intensidade de Vontade de Deus e da Sua Sabedoria.

Deve-se compreender, entretanto, que o Raio do Amor Divino é também uma intensidade própria. Os três Raios formam os chamados fogos criativos e geradores de toda a criação e esta é a grande fundação.

Da forma como o Amor Divino é transmitido e na medida que o Amor é verdadeiramente o fogo, a criação do Espírito Santo e da maneira como o Amor é cingido pela Vontade de Deus e Sua Sabedoria (1º e 2º Raios) – desse mesmo modo ele é consequentemente derramado da matiz divina predeterminada.

O Amor, então, é o fogo todo consumidor de Deus. Ele é tênue e suave como a carícia de um anjo.

É o momento de saber, que os três primeiros raios, três primeiros degraus desta pirâmide exigem iniciação e equilíbrio da Chama Trina e um emprego muito cuidadoso desses três raios.

Portanto, os Arcanjos do primeiro, segundo e terceiro raios, se aproximam e estabelecem diante de cada um uma trajetória para equilibrar a Chama Trina, cujo equilíbrio é de suma importância e transcendente a todos que pretendem lançar seu arco daqui para a frente e virem a estar neste século, no local correto, no lugar onde os próprios Budas habitam.

Quando se está fora do alinhamento deste tipo de triângulo, digamos equilátero dos três raios mencionados, sempre prejudica a pessoa, a sua vida, abandonando-o às incertezas da vida nestas esferas que denominamos esfera astral e física.

Onde estará a segurança, então? Sem dúvida, podemos dizer que se encontra neste triângulo que mencionamos, da Santíssima Trindade, que os Arcanjos deste conjunto de raios representam.

Saibam que o Amor é o despertar dos atributos divinos e uma vez que cada um tiver cedido a esse Amor, acedido ao seu chamado iniciatório deste terceiro Raio, aí, sim, será conhecido verdadeiramente a vivificação do primeiro, do segundo, do quarto ao sétimo raios.

Iniciação ao Terceiro Raio – 3° Templo

A iniciação no segundo Templo quase todos conseguem com sucesso e chegam ao Terceiro Templo, sob a proteção e orientação da amada ROWENA. Aqui, reina novamente DISCIPLINA, COMPREENSÃO E AMOR. Viver em harmonia com correntes de vida que possuam outra frequência de vibração, que tenham uma índole inteiramente diferente é a lição deste Templo.

A Mestra NADA nos informa sobre esta época: Eu vivia neste Templo com correntes de vida que tinham dificuldades no seu relacionamento. Eles estavam em um processo de estudo onde tinham que aprender a resistir a qualquer pressão que atacasse as suas energias.

Passei por diversos grupos, sempre com o objetivo de diluir ofensas e dores através do Amor. Quando me tornei insensível e não dava mais importância a mim mesma – consegui um sentimento de grande tranquilidade e força – e fui aprovada.

É uma das provas mais difíceis e cada um passa por provações parecidas na sua escola Terra.

Iniciação ao Quarto Raio Cósmico

Curai, Ó ventos, a consciência planetária de erro. Curai, ó Poderoso vento do Espírito Santo, os conceitos errôneos dos homens que desejam definir a graça por meio de uma mera carta elaborada. Curai, ó ventos, os corações debilitados pelos medos. Curai, ó ventos do Grande Sol Central, os desejos dos homens que não anseiam por Ti.

Nesta jornada iniciática ao Quarto Raio Divino, o fogo vivente deve purificar o local em que Deus deverá permanecer. Os corações devem ser purificados de toda a divisão que possa existir. O Fogo branco da capa da ascensão de cada ser humano deve ser o invólucro necessário para a ida aos mundos sem fim.

No interior do homem reside a Chama da Ascensão, pois apenas a luz branca da devoção individual à Mãe Divina pode produzir resultados em consagrar a vida ao novo nascimento, o nascimento do Espírito.

Nesta consagração entramos à nova ordem das eras, ao novo homem e à nova mulher. Assim, nos elevamos do vale no qual se aglomera o carma das massas, e neste momento, sois catapultados para o futuro, tendo uma visão de si mesmo nascidos no Espírito, nascidos em um novo mundo de luz e da própria ação do Espírito Santo.

Todos que foram diligentes e guardaram a Chama da Vontade divina, os esforçados, recebem a dádiva para irem além do cinto cármico planetário, de todo passado e se elevarem para a consciência crítica.

Ao adentrar aos patamares mais altos, aos retiros da Fraternidade, oitavas etéricas de Luz, poderá ser repreendida, exposta e rejeitada a mente carnal e todos seus nebulosos caminhos.

A chama da Ascensão possui mente própria. Descerá como uma estrela cadente no templo de cada ser convocada pelo Amor, devoção, pureza, firmeza de coração e coragem, honra, concentração, onde a besta da mediocridade, indecisão e hesitação foi negligenciada, eliminada e expulsa.

Nesta iniciação é oferecida pelo Mestre a porta aberta para a oitava etérica, mas não para os materialistas e os que representam as profundezas da mente carnal e levam uma vida instintiva.

Assim, deve-se compreender que o novo nascimento do Espírito é a grande alegria da reunião dos mundos, no qual se começa a sentir que o céu e a terra estão convergindo no local em que se está, onde o anseio individual para estar no céu não chega nem perto do desejo de ser Deus onde se estiver, de beneficiar a vida que ainda pode vos identificar pelo traçado físico daquilo que continua encarnado na estrutura molecular da matéria pela graça do Cristo Pessoal.

Desta forma, tendes consciência de que a tepidez da consciência humana não encontrará paz aqui e estará sempre com frio e ansiando um clima quente, onde um pequeno esforço para acender um fogo do coração é necessário para manter vivo o Corpus de Cristo. Entendeis?

Observai que os ciclos de vida e crescimento, no surgimento da uva ou do trigo na matéria física, vedes surgir pela água, sol, terra e o amor das mãos de quem semeia o que não existia até um tempo atrás. Compreendei que a própria vida é uma exteriorização dos fogos da oitava etérica, da matriz etérica e da própria matriz: a vida. E, assim, quando há o compartilhar desta colheita, é partilhado verdadeiramente a essência da própria imortalidade que sustenta a forma física porque na realidade quando ela é cuidada, preparada e quando cresce adequadamente contém o fogo etérico e o deposita, assim, célula por célula, no templo do corpo.

Então, nesta seara de entendimento, sabeis que sois seres cósmicos e que os vossos quatro corpos inferiores são como vasos que sempre tereis, embora refinados, purificados e acelerados em novas vibrações e comprimentos de onda. Estes quatro corpos manifestarão as quatro forças cósmicas.

Existem caminhos mais fáceis, o caminho da indulgência, das fórmulas, deste ou daquela espécie de mantra, como sendo o que existe de mais importante na vida. Mas, assim fosse, muitos dos seres humanos, homens e mulheres, teriam se reunido às fileiras de efetivos candidatos à ascensão em Luxor, mas, a bem da verdade, não aconteceu isto.

Muitos atalhos são oferecidos ainda hoje, chegando como verdadeiros atrativos que buscam demonstrar como podem tornar a vida mais fácil e exaltando a personalidade exterior, porém desviam na verdade as almas de luz para intermináveis caminhos tortuosos.

Poderiam indagar quando isto terminará, e podemos responder que isso ocorrerá quando a alma afirmar de uma vez por todas: "Basta". Chega para mim! Desta forma, a busca será para o encontro da liberdade, o fazendo de forma pura, harmoniosa e amorosa, de maneira amplamente divina e de acordo com o Logos Eterno, de acordo com o próprio brilho e fulgor das estrelas.

Pouco a pouco, então, as verdadeiras almas de Deus, cansam-se das toscas meias verdades. Pouco a pouco as almas que são sinceras chegam à porta de Luxor. Seraphis Bey e El Morya, darão a quem estiver a esta altura, a essência do amor que é o verdadeiro coração das iniciações de Luxor, embora muitos tenham negado a existência de algum amor em Sérafis ou nos irmãos do retiro, dada a aparente severidade. Não é bem assim, porque eles são concentrados e seguros. Conhecem muito bem os caminhos e seus percalços e sustentam a luz da disciplina para a luz mais pura, a forma mais virtuosa no caminho da maior pureza.

Somos a Fraternidade de Luz, real e vivente, e vos apresentamos uma senda de alegrias. Não é uma senda de sofrimento ou de escassez reservada para aqueles que não são da luz. Estes rapidamente cansam-se dela e a abandonam. Para eles, a senda é um trabalho penoso. Mas a alma de luz sabe quem é e porque nasceu busca uma saída, não por razões egoísticas, mas porque, por amor, sente o infortúnio da humanidade que nesta era, deve ser iluminada por Deus, se é para ser iluminada.

A Fraternidade de Luxor bate à vossa porta. Abrireis? Se abrirdes, sabeis que o objetivo é a vossa ascensão. Mas esta senda à ascensão inclui toda a vida. É a infusão do corpo da humanidade pela mistura da luz que flui em vós com a Luz do Senhor Vivente.

Iniciação ao Quarto Raio – 4° Templo

Do terceiro Templo passamos ao quarto, o meu Templo. Aqui, o candidato tem que provar sua pureza e clareza nas provas existentes.

Assim, como também, JESUS CRISTO teve que passar pelas suas provas de iniciação, neste local são apresentadas ao aspirante todas as tentações possíveis.

Muitas vezes falarão com ele. Grandes possibilidades lhe serão apresentadas e o ego se quer fazer valer, como acontece com tanta frequência. Afastar-se da vaidade nestas horas e escutar a voz Divina e erguê-la com firmeza, passar todas as provas, todas as tentações com brilhante clareza é a condição para conseguir a união com o próprio Ser Crístico neste Templo.

Iniciação ao Quinto Raio Cósmico

A Grandiosa Obra das Eras: Médico, Cura-te a Ti Mesmo!

Neste momento vêm as águas de cura. Neste Raio todos os Arcanjos são agentes de cura, inclusive aqueles cujos nomes nunca foram pronunciados, de vez que foram ocultos da humanidade da Terra.

Sabeis que todas as pessoas neste planeta sofrem de alguma espécie de fardo, quer seja no corpo chamado etérico, quer seja no corpo emocional ou também como e conhecido dos desejos ou nos demais corpos, o físico e o mental.

Sabeis que o sofrimento da alma pode produzir doenças terminais, de vez que, um coração que esteja em desalinhamento com Deus pode causar uma morte súbita, pois em algumas ocasiões o Criador resolve retirar o cordão de cristal (ou de prata) daqueles que o desonram e abusam do seu fogo sagrado.

Quando os agentes da cura da humanidade que são os próprios arcanjos vêm, o fazem em verdadeira hoste celestial, inclusive os que não são conhecidos da Terra, porém, se tiverdes olhos para ver, nesta hora os verões, inclusive aqueles incógnitos colocarem "seus pés" neste Planeta, inaugurando verdadeiras espirais de cura.

Muitas pessoas declinarão Verdade ao afirmarem que não são curadas, desta forma, passam a professar a inexistência de tais situações de Luz, porém não compreendem que muitas, para não dizer inúmeras vezes, o seu processo cármico individual não permite que ocorra a cura, mesmo porque tal carma pode ser sutil.

De fato, o carma que provoca determinadas enfermidades pode ser óbvio e natural para muitos, entretanto, não o é sempre natural e óbvio para aquele que o carrega.

Portanto, se desejais ser curado, esta iniciação que favorece o entendimento natural do que é necessário, bastando não só alicerçar-se no conhecimento do processo, como também atuar dinamicamente para que isso se estabeleça.

Se quereis ser curado e curar outrem, há necessidade primária de transmutar os elementos de vosso ser que não possuem o comprimento de onda dos componentes do que chamamos de Forma Pensamento da Cura, que consiste em três esferas concêntricas, sendo do interior para exterior nas seguintes vibrações: verde, azul e a branca.

Todos os que pretendem realizar algum processo de cura, mesmo até as profundezas da psique humana ou aqueles que estão mentalmente, emocionalmente e fisicamente doentes, devem como verdadeiros agentes da cura, conhecer o real e verdadeiro poder da Forma Pensamento da Cura.

Deve-se aprender a visualizar esta forma pensamento sobre os seus chacras espirituais e os seus demais órgãos físicos para a própria proteção do seu trabalho de cura.

Mas a melhor maneira pela qual podereis vos tornar um instrumento de cura, primeiro é estabelecer a integridade dentro de vós. Isto poderá significar a Mais Sublime e Grandiosa obra das eras, que, em última instância, poderá vos levar à liberdade da alma e a ascensão na Luz.

Não existe uma panaceia, um remédio milagroso. Cada doença da mente, do coração, da alma ou do corpo requer uma fórmula especial para sua resolução, para sua transmutação. E estas fórmulas, amiúde, servem apenas para aquele indivíduo, o seu caso específico.

Iniciação ao Quinto Raio – 5º Templo

O grupo bastante diminuído de nossos alunos é levado ao quinto Templo sob a guarda do grande HILARION. Aqui, os candidatos são ordenados Sacerdotes e Sacerdotisas da Chama do Fogo Sagrado.

Os que foram aceitos no 5º Templo, obterão a consagração pela união com o Santo Ser Crístico.

Antes da cerimônia solene, que é presidida pelo grande Mestre HILARION, Arcanjo RAFAEL ou um membro do seu Templo, é oferecida ao aspirante a vestimenta para o seu futuro cargo. Roupas de seda o envolvem, sandálias douradas vestem seus pés. Antes que a luz flua ao corpo do (a/s) aspirantes, os corpos sutis serão consagrados em primeiro lugar.

Depois de crismar os corpos interiores é realizada a consagração dos sentidos isolados, presidida pelo sacerdote e por mim. Esta é uma cerimônia suntuosa que algum dia será incluída nos vossos futuros cerimoniais, a saber, quando uma corrente de vida for prevista para serviços especiais. Começa a CONSAGRAÇÃO DAS MÃOS, que são trespassadas pela ardente Chama da Cura, em seguida a CONSAGRAÇÃO DOS PÉS, para que sejam ancoradouros do Fogo Sagrado, onde quer que esteja o corpo, também os lábios e os olhos são ordenados.

Um aspecto magnífico para os olhos são os sacerdotes e sacerdotisas. Em seus semblantes irradiantes se percebe o Amor aos homens, a bondade, Caridade e Prontidão para ajudar a curar e servir.

Iniciação ao Sexto Raio Cósmico

Amadas Almas irmãs, pensais que alguma alma está isenta da senda da cruz? Não, se assim fosse, Ele, Jesus Cristo, vos teria dito. Mas Ele disse que a cruz deve ser erguida e carregada[2]. É a cruz e Luz. Lembrai que o fardo é luz.[3] Parece um fardo, mas esse fardo é luz. Quando carregais a luz que vos é dada pela Hierarquia, essa luz tem um propósito que não é glorificar-vos, mas é para a missão. É também para que possais carregar os carmas pessoal e planetário e auxiliar na liberação.

Sabei, então, que são as pequenas coisas da vida que vos estorvam – os maus hábitos e aborrecimentos ou a incapacidade de desfrutar total e livremente da radiação do coração de vosso Senhor e Salvador. Assim, comungai com Ele e lembrai-vos das suas palavras: "Que te importa? Segue-me tu".

Transformáreis-vos em pastores que nas encostas das colinas, alimentam as ovelhas que não sabem qual caminho seguir? Não é este o vosso real anseio mais do que seguir os modismos dos tempos, este ou aquele livro interessante, ou programa, ou mesmo algum novo professor quem talvez ofereça alguma nova maneira de rearranjar a energia?

Cremos que melhor que este tipo de rearranjo, é a estimulação da elevação da energia. E a matriz da elevação da chama em cada um, a pirâmide da vida.

Não foi ouvido o apelo do Salvador? Deveis compreender que o encanto do brilho ilusório que é oferecido pelo lado da obscuridade,

---

2. Mt 10:38; 16:24, Mc 8:34, 10:21; Lc 9:23; 14:27.

3. Mt:11:30

que prometem salvação, na realidade leva à morte, não à mera morte do corpo, mas à morte da alma. Esta é uma verdadeira batalha para a sobrevivência.

Então, vamos defender o padrão da verdadeira liberdade. Por isso, vamos apresentar a menor distância entre dois pontos descrita na Grande Pirâmide. É a senda da ascensão, reportada no quarto raio, mas através da iniciação do Raio Rubi. Este Raio é a intensificação do sangue de Cristo que é a verdadeira essência altamente concentrada do amor, à medida que a cor rosa do terceiro raio se transforma na força que é a espada como um raio laser, sendo capaz de separar o Real do Irreal e de julgar o erro e a senda do erro. A senda do Raio Rubi está sendo agora revelada por Sanat Kumara.

Assim, pelo Raio Rubi e pela luz branca, pelo Sangue e pelo Corpo, pelo Alfa e Ômega do ser, no vosso interior acontece a fusão da senda da aceleração pela iniciação para os sinceros e determinados que reconhecem que não podem mais esbanjar séculos esperando e procrastinando a própria mestria pessoal.

Quando o homem chega a um ponto de seus próprios dons onde define dentro de si os mesmos desejos e propósitos do Cristo, ele retorna através dos véus do tempo, ao ponto no tempo e no espaço em que é, com efeito, crucificado com Cristo, ressurrecto e Ascenso com Ele. Assim, embora os homens ainda esperem pelo seu momento de perfeição sobre a terra, eles um dia se tonarão coerdeiros como Cristo na plenitude do acordo universal, formado e selado pelas hierarquias do propósito cósmico.

Está escrito em Revelação 3:20-21 "Eis que estou à porta e bato. Se alguém ouvir a minha voz e abrir a porta, entrarei em sua casa e com ele cearei e ele comigo. Ao que vencer, dar-lhe-ei assentar-se comigo no meu trono, assim como eu venci e me assentei com meu Pai o seu trono".

Por isso, Jesus Cristo, convida a cada um de nós a abrir a porta e solicitar ao seu Sagrado Coração seja um com nosso coração. Assim o fazendo, permitir-se-á possa o coração ser curado, a cura da dor, e por graça de nossa alma ser atraída até o mundo Celestial, especialmente no chamado Dia de Ação de Graças.

Iniciação ao Sexto Raio – 6° Templo

No sexto Templo várias tarefas são distribuídas aos aspirantes.

Uma das lições seria, por exemplo, deixar Luxor e batalhar como monge, pedindo esmola no mundo terreno, por algum tempo.

Sua aura, sua vigilância espiritual, sua dignidade, seu olhar e gestos devem distingui-lo como servidor da Luz e despertar em toda corrente de vida com quem entrar em contato, o desejo pela perfeição.

Estar disposto para servir com humildade, manter a dignidade e autocontrole em todas as situações, nas condições mais difíceis manter a paz profunda e a harmonia do coração, aceitar toda a vida e amá-la, assim como JESUS CRISTO nos ensinou, é o objetivo desta. A grande sentença: EU SOU UM COM TODA A VIDA, deve pulsar através do candidato como um poderoso caudal de força.

Iniciação ao Sétimo Raio Cósmico

Enquanto a própria humanidade não dissipa o carma humano, por ignorância e por não usar a chama violeta, é a vida elemental, portadora da cruz do carma planetário, que expia, através das condições físicas, as antigas discórdias que impedem a raça humana de acelerar par ao lugar mais alto da consciência divina ao qual todos aspiram.

A Fraternidade Branca dá, aos que procuram e anseiam chegar ao Mais alto Céu, as boas-vindas na chama do amor ao serviço, ao sacrifício, à renúncia e à senda da abnegação.

É necessário salientar, desde já, que existe um preço a ser pago para a eternidade. Não deveis se assustar. É o preço do eu inferior pelo Eu Superior. Então, quem está fazendo, por assim dizer, um bom negócio? Certamente é a alma que precisa renunciar àquilo que parece ser a única coisa a que pode renunciar. Porém, na realidade, não é ao Eu Verdadeiro que se renúncia, mas à porção mundana, ao ser temporário. Desta forma, renunciando àquele ser, a pessoa recebe a iniciação da descida do Eu Superior.

A verdadeira Força do ser humano é parte integrante da Substância da Luz Universal e por ela é alimentada. Um ramo dessa Força é a Luz Violeta, disponível para todos.

A humanidade precisa libertar-se das pressões que lhe foram impostas e também de suas próprias limitações.

No conluio de Luz da Fraternidade com os homens, os chohans dos raios se deleitam, cada um devotado à causa da liberdade, toma emprestado pétalas do coração de Saint Germain, imbuindo-vos de memória, vontade e amor pela liberdade.

É doce ver a infância comungando ilimitadamente com a vida. Como também é doce saber que uma pessoa por completar o círculo de vida na Terra e ver-se ainda encarnada, ainda se esforçando mais uma vez para malhar o ferro, forjando uma liberdade, um fogo e centelha, elevando-se bem alto nos céus celestiais e descendo preciosamente no ponto em que uma nova explosão de liberdade e de sempre-vivas parecerá para dar o sinal da vinda dos filhos e filhas de Deus.

Sabei que a confiabilidade e constância do coração valem mais do que a efervescência no momento da solicitude e de se banhar na luz.

Iniciação ao Sétimo Raio – 7° Templo

No sétimo Templo, o Templo do Fogo Violeta, a Chama da Liberdade arde através do aspirante – onde ele se encontra na irradiação do Fogo Violeta – e toda pureza do seu ser se torna reconhecível. Expressar a Vontade Divina através de cada célula do seu ser aqui se torna evidente. O perfeito domínio dos quatro corpos inferiores, a libertação de todos os desejos egoístas, preenchem o aspirante com o bem aventurado sentimento de liberdade.

A pura Luz Divina da PRESENÇA EU SOU, agora, transpassa também os quatro corpos inferiores sem limitações.

A corrente de vida que conseguiu passar pelos exames (iniciações) percebe feliz o SENTIMENTO DE UNIDADE DE TODOS OS SETE CORPOS – a união absoluta com a sua Fonte Divina – o seu EU SOU.

Tabelas Atualizadas dos
Sete Raios Cósmicos

LOGOS PLANETÁRIOS: Senhor Gautama BUDA DA TERRA: Senhor Maitreya (Senhor Divino)			
DEPARTAMENTO DO CRISTO PLANETÁRIO Mestre El Morya			
Raio	**Hierarquia**	**Mestres/Lideres Anteriores**	**Arcanjos**
1º Raio Azul	Senhor Sírio	El Morya e Lady Mirian	Miguel e Fé
2º Raio Ouro	Soo Shee	Koot Hoomi, Confucio, Lanto	Jofiel e Constança
3º Raio Rosa	Lady Rowena	Paulo, O Veneziano	Chamuel (Samuel) e Caridade
4º Raio Branco	Mestre Seraphis Bey		Gabriel e Esperança
5º Raio Verde	Mestre Hilarion		Raphael e Mãe Maria (Regina)
6º Raio Rubi Ouro	Mestre João, Amado	Jesus e Mestra Nada	Uriel e Dona Graça
7º Raio Violeta	Senhora Mercedes	Kuan Yin e Saint Germain	Zadkiel e Ametista

LOGOS PLANETÁRIOS: Senhor Gautama			
BUDA DA TERRA: Senhor Maitreya (Senhor Divino)			
DEPARTAMENTO DO CRISTO PLANETÁRIO **Lord Koot Hoomi** **Lord Lanto Djwal Kull**			
Raio	**Elohin**	**Outros Dirigentes**	**Virtudes**
1º Raio Azul	Hércules e Amazonas	Lord Shiva, Lord Príncipio, Lord Júpiter, Mãe Isis, Shri Magra, Godfre Ray King	Fé, Paz, Equilíbrio, Poder, Determinação, Perseverança, Força de Vontade, Poderes Divinos
2º Raio Ouro	Cassiopéia e Minerva	Senhor Vishnu, Jwal Kool, Senhor Gautama, Deus Meru e Consorte Sr. Himalaya Kenich Ahan	Inteligência, Esclarecimento, Sabedoria, Iluminação, Percepção e Intuição
3º Raio Rosa	Órion e Angélica	Senhor Brahma, Santo Éolo	Amor Divino, Perdão, Gratidão, Misericórdia e Tolerância
4º Raio Branco	Clair e Astrea	Senhor Ptah, Amen Bey e Tuan Bey	Pureza, ascensão, iniciação, ressurreição, dedicação
5º Raio Verde	Vista e Cristal	Pallas Athena, Mestre Ling, Senhor Fun Wei e Arqueia	Cura, concentração, abundância e verdade, ciência e constância
6º Raio Rubi Ouro	Tranquilitas e Pacifica	Ramakrishna, Santa Teresa de Ávila	Paz, serviço, devoção, cura e idealismo, graça e providência
7º Raio Violeta	Arcturos e Diana	Mãe Alexa, Buda Kamakura, Lady Portia, Zaratustra e Oromasis	Transmutação, purificação, liberdade, transformação, compaixão, misericórdia, perdão e piedade

LOGOS PLANETÁRIOS: Senhor Gautama BUDA DA TERRA: Senhor Maitreya (Senhor Divino)				
DEPARTAMENTO DO CRISTO PLANETÁRIO Senhor Paulo, o Veneziano				
Raio	**Dia da Semana**	**Sentidos**	**Pedras e Cristais**	**Florais Saint Germain**
1º Raio Azul	Domingo	Toque	Água Marinha, Safira e Turquesa	Anis, Carrapichão, São Miguel e Varuss
2º Raio Ouro	Segunda-feira	Intuição	Citrino e Topázio	Embauba, Thea, Leocantha, Perpétua e Sapientum
3º Raio Rosa	Terça-feira	Visão	Quartzo-Rosa, Rubelita, Ágata-Rosa e Turmalina	Amygdalus, Vitória Rosa- Rosa e Pepo Curculigum
4º Raio Branco	Quarta-feira	Olfato	Diamante, Cristal-Branco e Brilhante	Algodão, cocos, Flor-Branca, Lírio-Real, Patiens, Wedélia e Purpurcum
5º Raio Verde	Quinta-feira	Intelecto	Jade, Fluorita, Quartzo-Verde, Esmeralda	Abundância, Bom-dia, Limão Capim- Seda e Emergencial- Triumpho
6º Raio Rubi Ouro	Sexta-feira	Gustação	Granada, Rubi, Rubelita e Ágata	Focum e Panicum
7º Raio Violeta	Sábado	Audição	Ametista e Fluorita Violeta	Bambusa, Grevillea Incensum e Saint Germain

www.editoraalfabeto.com.br

Conheça outros livros da Editora Alfabeto

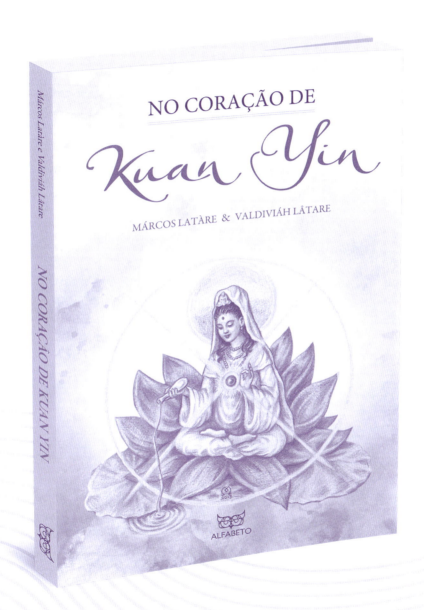

Conheça outros livros da Editora Alfabeto

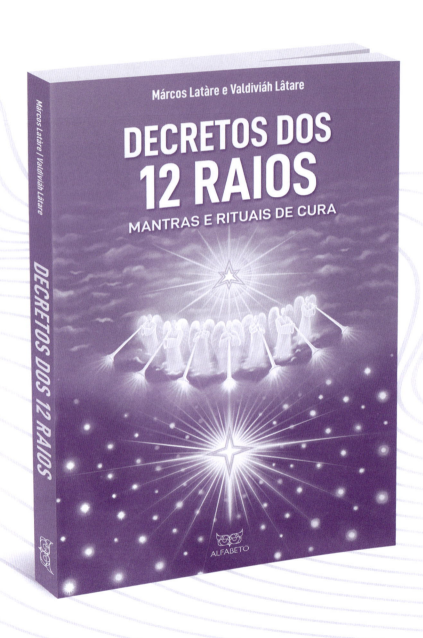

Conheça outros livros da Editora Alfabeto

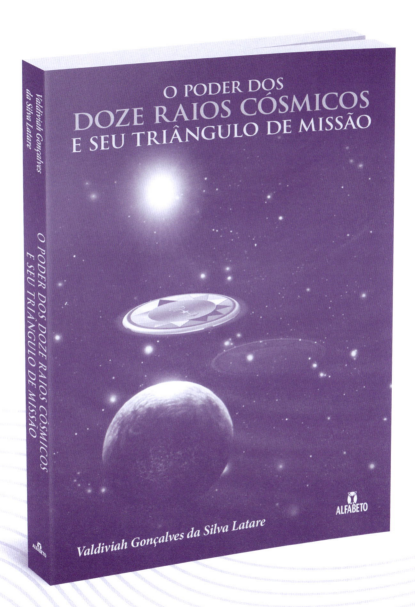

Conheça outros livros da Editora Alfabeto

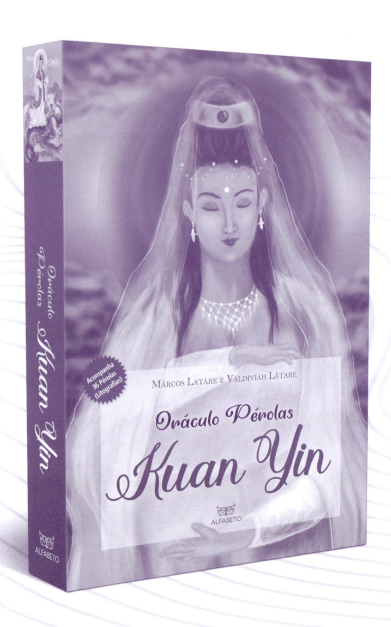

Conheça outros livros da Editora Alfabeto

Conheça outros livros da Editora Alfabeto

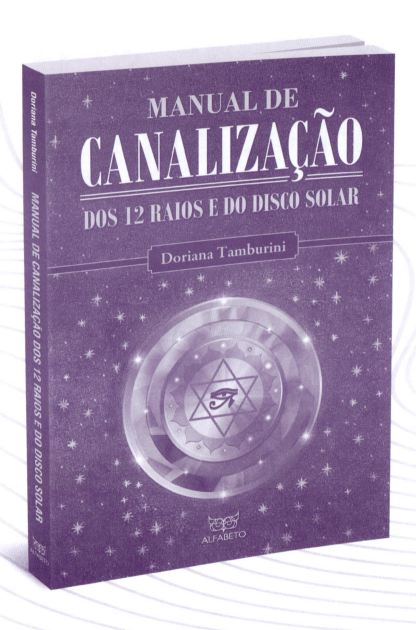

Conheça outros livros da Editora Alfabeto

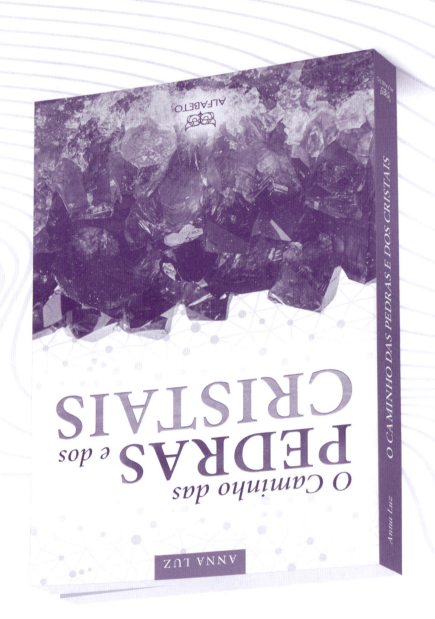

Conheça outros livros da Editora Alfabeto